数字营销
——基于营销仿真系统的理论与实务

高山 吴殿义 王帆 吴昕宇 / 著

东南大学出版社
·南京·

图书在版编目(CIP)数据

数字营销：基于营销仿真系统的理论与实务 / 高山等著. — 南京：东南大学出版社，2023.11

ISBN 978-7-5766-0982-0

Ⅰ.①数… Ⅱ.①高… Ⅲ.①数字技术-应用-市场营销 Ⅳ.①F713.50

中国国家版本馆 CIP 数据核字(2023)第 223188 号

责任编辑：胡中正　责任校对：子雪莲　封面设计：毕　真　责任印制：周荣虎

数字营销——基于营销仿真系统的理论与实务

著　者	高　山　吴殿义　王　帆　吴昕宇
出版发行	东南大学出版社
出 版 人	白云飞
社　　址	南京四牌楼 2 号　邮编：210096　电话：025-83793330
网　　址	http://www.seupress.com
电子邮件	press@seupress.com
经　　销	全国各地新华书店
印　　刷	广东虎彩云印刷有限公司
开　　本	787 mm×1 092 mm　1/16
印　　张	8
字　　数	185 千字
版　　次	2023 年 11 月第 1 版
印　　次	2023 年 11 月第 1 次印刷
书　　号	ISBN 978-7-5766-0982-0
定　　价	35.00 元

* 本社图书若有印装质量问题，请直接与营销部调换。电话(传真)：025-83791830。

序言

广告破茧

广告从来都是新的，广告行业更不缺新概念。

如今引领时代的，无疑是智能广告，而引领者，当然是媒体平台。在大数据与 AI 加持下，广告指向了某种具有高确定性的、毫无疑问的广告资源的调度与匹配能力，这种能力反过来赋予平台以广告的定义权。AIGC 等概念的出现、大模型的勃兴，又为计算的力量添了一大把柴，平台的光芒之耀目、声势之煊赫，俨然达到顶峰，已经出现了诸如"生成式营销"一类的新概念，似乎技术加持之下，广告已经纯然成为数据的附庸和代码的结论。

当行业发生巨大调整，作为实践性学科，广告专业教育体系自然受到牵引，转型升级势在必行。完成这样的转型殊非易事，广告专业教育发展迄今已有百余年历史，不乏经验更不乏包袱，是否要抛下所有重新出发？作为专业教育者，同时亦是行业的观察者和守望者，广告教育不能脱离行业缩回象牙塔，也不必亦步亦趋唯"新"是听。调整不可避免不可怕，而在进入具体的调整之前，笔者以为还是应该回归到根本问题上：今天的广告是否发生了根本变化？从广告的视角出发，又应该如何理解"计算"？解决这两个问题后，再来讨论如何在计算化的时代，重构广告专业。

从广告运作的角度来看，广告依然是以打动消费者、与消费者展开持续互动、构建稳定链接为目的的传播活动，最终服务于品牌的长期发展。概念迭出花样翻新策略井喷，不影响广告的这一本质，各方言论都可为证。

既然广告本质不变，计算是否构成某种颠覆性要素？

在计算广告尚未被以一个单独的概念提出之前，传统广告的发展始终面临着资源有效利用的问题——作为商业社会的沟通环节，不可能脱离成本与效果的标尺，因此，科学、精准、高效率使用媒体资源和其他资源完成传播任务，是内嵌于广告的根本逻辑。

以今天万物皆媒体、人人皆创作的标准看来，无论是印刷媒介主导的时代，还是广播电视媒介主导的时代，都堪称资源稀缺。当然，稀缺并不意味着广告能够轻易取得"胜利"，创意资源恰如其分地匹配媒介并触动人心并不简单，广告战役的目标达成，有赖于在尽可能大的范围内取得最好效果、减少资源浪费。早在20世纪初，"科学的广告"的旗帜已经被举起，而落地方式就在于精密的抽样、统计、分析。而当时代变化，所谓科学运作出现了新的方式和工具，广告永远冲在使用工具的第一线。世界上最早成立的市场调查公司尼尔森，在20世纪40年代就积极投资了大型计算机，并将其应用到广告数据分析中，这背后正折射出数据技术对广告行业的天然的吸引力，以及广告行业对数据技术的敏锐的捕捉和应用力。

当时针继续向前，互联网与个人计算机(PC)的结合、移动互联网与智能手机的结合，叠加网络与终端的一次次升级，不断冲击原有的媒介秩序，并最终构成了新的传播生态。内容和渠道的稀缺性渐次被打破，用户的生产力和主动性不断被激发和释放，传播进入平台化进程，平台又以决然的姿态拥抱智能化的潮流，裹挟着社会进入到新的传播时代。

对广告来说，这是最好的时代，也是最坏的时代。传播正在直入空前高效的殿堂，亦正在陷进无比混沌的次元。

网络与网络相接，终端与终端互联，百花齐放的内容底层是标准的接口，而信息成为数据以光速流通，人们找到信息的过程自然便捷高效，在信息面前的反馈亦无所遁形，行动可预测、需求可捕捉，广告的生成和投放可在毫秒之内完成，人的欲望自发成形的过程与外界刺激建立并融入的过程成为一体，困惑广告主多年的"精准"，似乎就此解决。

在这样的运作模式中，消费者既宛如上帝予取予求，又好像木偶任人摆布，这种矛盾的状态，其实也昭示了当今时代的悖论。人非上帝亦非木偶，人的欲望如影随形又不可能无限膨胀，信息的无限丰裕和无限快速超出了消费者所能注意、处理、消化的上限，相当于固定空间内能量的不断积蓄，最终导向爆炸，然后造就了聪明者、任性者、困顿者融于一身的复杂的消费者。消费者(同时也是用户)的这一特征，进一步引导我们思考当下信息传播的问题。

必须要说，当下的信息传播表面繁花似锦，其实暗藏潜流。平台的智能无法掩盖两个根本问题：其一，消费者的信息容量有限，若面对超出极限的信息，或者主动开启屏蔽机制触发逆反心态，或者在反复倾倒而来的信息面前，被动堵塞深层思考的通路和深度感知的能力，适应肤浅轻柔的信息按摩，理性与感性同时缺位，表现为易怒好斗反复无常的纯粹的"反射"动物；其二，任一平台的信息分发都只能张开有限的网罗而不可能做到无限的传导，为求得持续增长，平台所能采取的策略，往往正是反复提供此类信息的按摩与讨好，最终导向的结果，是平台与用户之间的豢养关系，以及平台与平台之间的隔离机制，形成看似固若金汤的信息帝国，实则"闭环"自守的巨大茧房。

由各个平台倡导的所谓的计算广告、闭环营销，并未解决无限信息时代与有限注意的矛盾，只是将其压缩在自我的茧房内部，试图创造逻辑、建构故事，实则就是自说自话。这样的故事，不应该成为广告专业所强调的"计算"广告，也无法回应广告主的真正关切。

真正的广告智能化演进，不能只关注无限膨胀的内容与媒介的短期的量的问题，还需要回归到广告的长期的"质"的问题。互联网平台依托于技术所实现的有效配置精准沟通值得肯定,但试图用这种思路建构总体的广告必然走向失败。以毫秒之内的触达和捕获为目的,最直白的语言、最粗暴的构图、最简单的激励、最低廉的价格、最热闹的氛围,凡此种种就成为广告的某种新现象和新潮流。以此所得的反馈当然非常直接,收藏加购下单裂变,强力刺激之下可以推动消费者快速走完一整套流程,但这样迅速形成的浪潮难以维系,失去了广告所应具有的持久、累积的特点。短促有力的刺激带来短期可见的效果,也破坏了消费者与企业长期互动建构起的印象和链接,只有销售没有品牌,只有销量没有增长,消费者的意识成为沙漠,广告也就无法滋养出品牌的绿洲。

正是立足于这一点,我们对数字时代的新广告做出定义,并探索建立新的专业教学体系。一方面,看到广告运作发生的场域、调度的资源、使用的工具、面向的群体所发生的复合变化;另一方面,把握广告"科学性"的命题,并不仅仅在于短时间内的快速匹配与生成,更在于各类资源的特征的理解、调度、组合以及持久的动态运营,不只看重短期效果,亦强调长期的关系维系和情感认同。以整合、综观的思路推动广告运作,其实也正是对过去广告操作方式的回望和吸收。

兜兜转转说到这里,我们才切入本书所讨论的正题:为培养学生综合调度广告资源的能力而搭建广告实训系统。广告的本原已经厘清,广告日渐增长的复杂度必须面对,如何能够搭建起一套能够映射现实广告运作的训练体系?系统建设过程中,团队与笔者多次讨论,逐渐形成了三个核心思路:第一,这一系统并不依附于某一具体平台,而是在全媒体营销理念下建设的容纳各种可能媒介资源与内容资源的开放平台;第二,系统致力于考察和训练专业学生在尽可能真实环境下的操作能力,所谓仿真,就必须建构起足够丰富、相互关联的数据和算法体系;第三,在数据、算法体系基础上,建立品牌、媒介与消费者三方互动,并综合调度媒介和创意资源的动态的作用机制。从真实与虚拟的角度来说,可以称为"仿真";从专业教育的角度来说,则是搭建了一个广告的"元宇宙",通过体系化的理论和数据,打破学校与产业的时空边界,亦突破平台形成的茧房世界。

当然,面对专业化的市场和人才需求,以及日新月异的技术与传播环境,广告专业需要创造崭新的生存体系,而这一系统的提出,一定能够为专业教育升级增添助益。

任何专业都是具备内在基因、不断成长的生命体,在广告产业急剧变革的时代,广告专业所能做的,只有坚持探索,创造崭新的生存体系。

雄关漫道真如铁,而今迈步从头越!

中国传媒大学资深教授
中国广告博物馆馆长
《媒介》杂志总编辑

2023 年 10 月

前言

长期以来,仿真都是自然科学领域的专利,用于进行实验、验证方法与生成数据;兵棋推演则是军事领域的专属,用于制定和测试战略、验证新概念的可行性以及预测对手的行动,在社会领域中似乎鲜少应用。

这种情况正在发生变化。

一方面,在学术研究中,随着"计算社会科学"的提出,以及社会网络分析、社会系统模型、大数据技术等多种新工具在计算社会科学中应用的逐渐深入,仿真亦正在实践及学理等层面,作为一种"方法"进入到社会科学领域。仿真所具备的对于各类主体与具体行为及相关机制的再现及推演能力,与社会研究中基于微观现象、展开对更高层面社会系统的解释与研究的思维方式相连接,打开了一扇新的窗口,亦有可能开启一片新的研究领域。与自然科学领域相比,社会科学领域对仿真的使用仍显得较为初级。同时,社会科学与自然科学在研究对象、范式等方面的天然差异,也带来了对"仿真"方法、工具等的不同的界定视角和维度。新旧领域的界定方式相互交叠,加上应用成熟度的不足,使得社会科学中的"仿真"呈现出模糊与混沌的状态。当然,这种混沌,亦正为新生孕育的必经阶段。

另一方面,在商业实践中,兵棋推演与商业领域的结合迸发出了蓬勃的生命力,几乎所有的商业咨询公司都将兵棋推演视作重要的工具,用于企业战略、变革管理与战术整合等诸多层面。商业兵棋推演中,真实的场景与团队对抗被引入,为经营者拓宽出新的视野,允许其参与者从抽离的视角观察计划,与同样渴望找到漏洞与寻求对策的精明对手对抗,从而加速自身的学习与组织情报的积累和迭代。

以上两点变化相叠,我们看到了广告与仿真结合的机会。作为以信息传播为研究对象的社会科学,并处于商业实践前沿,广告学科的发展一贯是融汇产业运营与科学规律,形成相互推动的闭环。而仿真系统,则在某种意义上提供了新的观察广告体系微观运行及研判宏观趋势的工具,又提供了"进入"广告运作实践、吸收广告前沿经验的通路,我们能否将仿真的概念应用于社会信息传播领域,用兵棋推演的方式描述数字化、融合化时代的广告实践?

团队成员与黄升民教授的讨论中,我们得以确定,仿真与社会信息传播的结合是可行的,人工智能、数据科学与可视化将会成为未来社会信息传播的核心,当线上线下的边界无限消融,社会已经为自身建构起了数字化的镜像并与这镜像合为一体,仿真作为研究方法,提供实验环境与观测工具成为可能。同时,在平台各自为战、纷纷"称王称霸"的割裂时代,社会信息传播的实践进入孤岛、茧房的迷雾中,趋于复杂和看似科学,但又实际失序和陷入迷乱,我们需要模型、方法与工具来完善条件,破除"数据孤岛"与"信息迷雾",为决策提供信息,从而发现问题、证实结论,并尝试以此引导实践。当然,信息传播虽受技术所驱,但毫无疑问是"人"的学科。在这一过程中,我们始终关注、强调、借重"人"的思维。或者毋宁说,我们希望为社会信息传播的实践主体以及研究者们(也即"人们")提供可以更好发挥和锤炼创新、创造力的工具。因此,我们采用建构性仿真,将"人在回路"作为本书所述仿真系统(全域营销智能决策仿真系统)的核心决策链路。

具体到本书所述系统,正如笔者前文所述,仿真作为一种方法,仍然在进入社会科学领域的初级阶段。任何一种方法,进入到新的领域并发挥其价值,都无法脱离特定的历史背景、工具性质,亦都需要一段漫长的过程,充满挑战与不确定性。要尽可能把握并推进这一过程的发生,需要我们具备一定的历史视野、实践认知,并具备推动工具与领域相结合的执行力。因此,本书既是关于数字营销环境、仿真实践历史与发展的总结与回顾,也是关于全域营销智能仿真系统开发过程的介绍与呈现。

本书分为三个部分,第一部分阐述了数字营销环境的变化与定义,为后续的讨论奠定了基础,明确了方向与理念,同时也为全域营销智能决策仿真系统描绘了实践框架与边界;第二部分分为两个主要版块,第一版块介绍了仿真的框架与概念,对仿真的概念进行了解释,明确了作为建构性仿真方式的兵棋推演与仿真科学之间的关系与演进历史,第二版块介绍了兵棋推演的历史、价值及其在商业领域的部分应用场景;第三部分介绍了全域营销智能决策仿真系统的系统定位、理念与构成方式及其与广告营销教学的结合方式、课程设计,对系统的开发历程做了简单回顾,这一部分同时包括了系统的简要使用说明,旨在为读者提供参考。

随着仿真应用领域的拓展,相信会推动计算传播、计算广告等领域的新的知识的积累。广告作为具有深度不确定性的复杂系统,其内在本质的挖掘,亦必然可以通过此类新工具的应用而不断深化。我们可以假定,在本书下一次迭代时,我们将看到仿真与社会信息传播实践的更深入结合。而基于这样的结合,甚至可以为解决非线性、多异质体、高度互依存型的复杂系统问题贡献新的智慧。

在数字技术推动社会发展的洪流中,本书的作者试图以仿真系统,捕捉巨变一角。进入少有人踏足之地,我们尽量站在前人的基础之上迈开脚步,保持严谨的同时,亦一定需要冒险,故必然存在错漏。我们愿与业界、学界同仁共同开辟这一新的领域,不足之处多多,请各位专家不吝指正。

著 者

2023 年 8 月

CONTENTS 目录

第一部分　数字营销环境与定义

第一章　数字营销环境与挑战　　002
　　一、营销行业变革　　002
　　二、营销运营挑战　　005

第二章　数字营销概念与理念　　010
　　一、数字营销理念　　010
　　二、数字营销要素　　011
　　三、数字营销目标　　016
　　四、数字营销内涵　　018

第二部分　仿真系统的发展及应用

第一章　仿真与兵棋推演　　021
　　一、概念辨析　　021
　　二、分析视角下的仿真与兵棋推演关系　　029

第二章　兵棋推演的应用价值与商业兵棋推演　　033
　　一、兵棋推演系统的应用价值　　033
　　二、商业兵棋推演　　035
　　三、商业兵棋推演应用　　037

第三部分　全域营销智能决策仿真系统

第一章　系统定位与理念　040
  一、系统定位及特征　040
  二、系统理念　043

第二章　系统构成及运行　046
  一、系统构成　046
  二、内容资源　050
  三、媒介资源　053
  四、策略单　061
  五、校验（效果）　062

第三章　系统匹配的课程设置　064
  一、课程设置建议　064
  二、课程流程参考　064
  三、训练评分方案参考　065
  四、策划部分评分参考　066

第四章　系统研发的现实溯源与测试　068
  一、需求提出与原型设计　068
  二、系统测试过程　069

第五章　系统互动介绍　072
  一、用户登录页面　072
  二、管理员页面　072
  三、教师页面　078
  四、学生账户　092
  五、通用功能　101
  六、全局信息中心和决策管理中心　104

参考文献　108

附　注　112

后记与致谢　113

第一部分　数字营销环境与定义

本部分主要介绍全书的核心概念和场景：数字营销。在当下的市场环境中，随着技术、经济等方面的深刻变化，企业营销的实操呈现出多样复杂的面貌，首先有必要提炼出数字营销发生变化的核心环境因素，以及对数字营销的目标和模块进行基本的界定。这些界定，也将为我们搭建仿真系统提供最基础、最核心的理论依托。系统搭建中的主体视角、模块、指标体系等均建立在本部分的内容基础之上。

本部分内容总体依托于中国传媒大学广告学院、国家广告研究院、内容银行重点实验室的"新营销"系列研究团队的成果展开阐述。"新营销"系列研究启动于2017年，由周艳、龙思薇、吴殿义等作为核心成员，前后数十名硕士、博士研究生及本科生参与，持续对营销行业、营销运营进行调研和访谈，走访百余家企业、媒体、服务机构等，为本系统的搭建提供了核心理论体系。

第一章

数字营销环境与挑战

对于企业来说,在任一时期生存和发展都需要进行传播和转化,而环境的变化则会影响到企业营销运营的理念、策略,换言之,也会影响到当时营销的定义。毋庸置疑,当下我们已经处于实质化的数字时代,企业营销几乎无法脱离"数字"而存在,但究竟企业的数字营销正在面临何种环境,这就决定了本系统数字营销的界定和范畴。因此,本章主要从营销环境入手介绍企业所面临的外部情势变化,也为本系统的建构提供背景,有助于读者理解系统中的诸般设置。

一、营销行业变革

1. 媒介环境

随着互联网进入下半场,用户普遍呈现"浅"状态,注意力稀缺。同时,媒介环境越来越去中心化,致使品牌营销的效率降低,旧营销体系日趋乏力。如何抓住消费者有限的注意力,在更多、更碎、更快的媒介环境中实现突围,是营销者需要解决的问题之一。

(1) 用户普遍呈现"浅"状态,媒介环境复杂

互联网下半场的环境下,信息密度大,注意力稀缺,用户消费呈现出一种典型的"浅"状态,浅阅读、浅尝试、浅接收、浅分享……用户的可选机会多,停留时间短,注意力不断变化,必须正视的现实是:用户没有主动寻求信息、学习认知的意愿,更没有层层周转的耐心,而且很"健忘"。

据 Social Bakers 公司曾经对 Facebook 上年轻群体观看视频情况的调查结果显示,完成率排名前 25% 的视频时长都不到 21 秒,20% 的用户在开始观看视频后的 10 秒左右离开;33% 的观众在 30 秒左右离开;45% 的观众在 1 分钟左右离开。年轻群体"浅"状态突显,意味着短视频需要适应网民在移动端日益减少的耐心,力求在前 20 秒吸引消费者。

究其原因,日益更多、更碎、更快的媒介环境是造成这一现象的重要因素。必须承认,随着媒体种类的丰富,新的内容呈现方式不断浮现,以秒级递增的内容数量让人目不暇接。另外,信息迭代速度缩短在分钟以内,信息的热搜更新频率已达每分钟一次,"阅后即焚",IP(Intellectual Property)生命周期变短,人们更加偏爱短文章、短视频。侧面突显了消费者"浅"状态的程度之高。这种媒介环境下,传统营销如同拳头打棉花,倍感乏力。如何构建更为立体、集约的传播分发体系,从而在高密度的信息环境中突围,成为营销者需要重点关注的问题。

(2) 去中心化的环境下,信息密度越来越大,营销击穿市场的难度加大

PC互联网时代,信息集中、密度低,因此品牌营销效率相对较高;而在互联网下半场去中心化的营销环境下,移动化渗透加剧,信息分散、信息密度大,这就导致品牌营销效率降低,营销击穿市场的难度越来越大。

一方面,用户的地位愈发强势,有了更多自主选择的权利,对接受的信息也有了更多的要求;另一方面,随着新兴行业的不断涌现,大量应用分散了原来相对集中的流量,"绑架"用户的注意力资源。如即时在线游戏(王者荣耀)、短视频(秒拍、快手)、旅行工具(共享单车)、手机动漫(腾讯动漫、快看漫画)等新兴领域的同比增长率都十分可观、涨势明显,使去中心化的移动互联网环境更加复杂,给品牌带来了更多挑战。

(3) 营销将向高维结构演进,全网高密度传播渗透

随着传播环境复杂程度加剧,营销的媒介组合模式一直呈现从低维到高维的演变趋势。在日趋碎片化的移动互联网背景下,未来的营销必然要求形成全网域的、立体动态的传播分发体系。

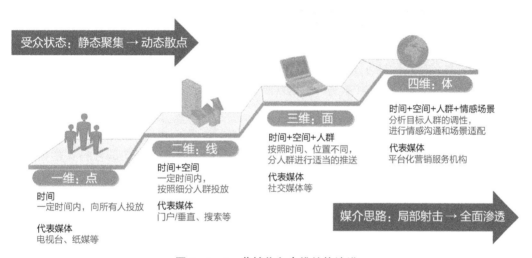

图 1-1-1 营销将向高维结构演进

一维模式下,营销活动发起者的发散力和影响力很集中,如最早的传统媒体,消费者只能被动接受媒体投放的信息;一维到二维的转变意味着人们可以接触的媒体渠道增多,垂直、门户类网站出现,搜索引擎被大量使用,消费者能够进行自主选择;社交网络的出现使营销活动向三维模式发展,营销者还要考虑消费者在社交媒体、朋友圈的信息传递;发展到完全碎片化的移动互联网时代,营销组合将向四维模式演进,除了对时空、人际关系的考虑,还要深入探寻消费者当下的情感状态,形成全网域的、立体动态的传播分发体系。通过全网统筹、动态分发应对消费者路径碎片化;通过高密度传播渗透应对消费者浅状态。

2. 品牌价值

泛品牌时代,品牌需要与消费者建立情感连接,并与销售协同打造营销闭环。

与消费者需求变化相对应的是,品牌的价值和含义也发生了巨大变化。企业的品牌价值越来越多地反映在独特价值主张、内容型的沟通载体、与销售的协同关系等领域。

狭义的品牌时代,营销沟通在"使用价值"的导向下,品牌概念单一,消费者更关注产品特点、性能、价格、功能描述和参数设置等,商品的使用价值是品牌核心。

泛品牌时代,弹性需求渐渐主导消费,用户更关注和认同商品的非使用价值,导致商品的必需属性大大降低,一方面品牌概念多元化,另一方面消费者又追求价值观的认同,使得企业品牌与消费者建立情感的连接成为必需。

因此,高高在上、单一围绕使用价值的品牌概念,未来将难以获得消费者的共鸣,品牌必须提炼并塑造自己的独特品牌价值,提出有意义的价值主张,与消费者共情,从而占领消费者心智。

新环境下,消费者对广告屏蔽工具、付费会员等多种方式愈发青睐,去广告化已成为不争的事实。单纯依赖传统硬广的营销模式,信息传达广度和深度有限,难以有效传递商品的非使用价值。相比之下,借助趣味感性的、软性植入的、能够激发消费者共情的优质内容开展营销活动,正逐渐成为行业追捧的新模式。

新营销中,品牌价值的塑造方式将会是感性驱动、内容统领。

同时,在以消费者为中心的时代,品牌只有被消费、被感知,才能形成品牌印象,具有真正的商业价值。如何完成闭环,实现品牌塑造、销售促进的协同一体,是市场对新型营销模式提出的根本性问题。

现在,越来越明显的趋势是消费者通过"消费"来感知品牌价值,并以此形成对品牌的印象。企业品牌更加渴求销售转化,希望通过品牌营销来实现真正的业务增长。因此纯品牌曝光的营销份额将会日趋减少,销售促进成为更重要的营销目标;营销需要同时提供消费入口,信息与商品同步分发,达成消费转化的闭环。

3. 消费者

认知和触达难度增大,亟须更深入的消费者洞察。

消费者是所有营销活动的中心,消费者需求的改变影响了广告主的营销定位,更推进了媒介环境的加速变化。当今消费者热衷追求品质消费,分散在更加细化的圈层部落中,想要准确认知并精准触达目标消费者,需要营销者进行更深入的洞察研究,将洞察的维度和视角深入到精神内核领域。

(1) 卖方市场转向买方市场,消费需求发生结构性变化

在消费升级大趋势下,越来越多的消费品类由卖方市场向买方市场变迁。买方市场意味着供给的丰富,此时消费需求出现结构性变化,弹性需求成为主导,消费者更关注品质格调、个性专属、体验服务等。

消费需求的转变在很多消费领域都有所体现。例如,消费者增加更多支出购买更优质的旅游产品,而不再是省吃俭用或主要消费于购物;消费者最重视的消费因素是就餐环境,而非口味、价格、口碑;年轻人的消费趋势中,宠物剪毛的开销已经高于主人理发的费用;在汽车消费领域,年轻人购车时更关注汽车的外观,是典型的以貌取"车"。可见当今消费者更关注产品的调性、品质、服务等,消费需求已发生明显变化。

消费者需求的变化对市场提出了新的要求,产品极大丰富,同质产品竞争激烈,在这种供大于求的背景下,消费者成为商业市场第一核心,深度洞察消费者心理需求,成为未来营销的必要功课。

(2) 消费市场分崩离析,圈层营销异军突起

消费市场的分崩离析,一方面使消费者摆脱原先的固化模式束缚,消费行为更加自由;另一方面,消费者呈现多样性,消费群体越来越细碎,消费行为快速变化,给认知和触达消费者带来困难。具体表现为伴随着互联网和社交网络的发展,消费者分散到无数"圈层"之

中,形成一个个重叠分布的群落,使得碎片式的消费行为特征愈发明显。

(3) 形成对消费者全方位、多层次的立体洞察,营销才能行之有效

传统营销中惯用的、基于人口特征基本属性进行人群细分的方法颗粒粗糙,已经很难真正准确地认知消费者,在营销中更无法做到精准识别和触达目标消费者。如今的消费者洞察需要更加深入到精神内核层面,其洞察的视角和方法也需要随之变化。

宝洁公司大中华区品牌营销及媒介部及消费者洞察部副总裁何亚彬指出,科学研究发现,人95%的决定是感性的,只有5%是理性的,大多数品牌购买都是消费者在短时间内做的感性决定,把握住这95%的感性,触达并打动消费者,是品牌占领消费者心智空间的法宝之一。

无论如何,能够直击消费者内心的营销才是成功的营销,未来营销不能停留在对消费者的浅层次分析上,需找到更行之有效的消费者识别方法,在大数据和人工智能加持下打造"读心术",分析消费者的人口特征、行为特征、真实状态、精神内核,完成对消费者的立体洞察,技术的进步为此提供了可能。

二、营销运营挑战

1. 传播渗透

(1) 红利逝去,乱象频出

互联网步入下半场,用户数量增长接近天花板,流量从增量转为存量,流量红利逝去,呈现出碎片化、分散性、成本高、线上线下无界等特征,相应的营销挑战也越来越大。

大型媒体平台把控流量入口,形成资源垄断,流量成本上升;流量入口愈发多元,流量碎片化、分散化,品牌难以实现集中性广而告之;另外,还有虚假流量泛滥、真假流量难辨、流量价值性下降等现象的存在。

对此,营销必须抛弃"流量至上"论,精细化运营、驾驭流量,而非被简单流量思维绑架。

在传播层面,还存在着速食性内容泛滥、盲目追逐热点徒劳无功的现象。流量入口被垄断,内容被营销者锁定成为新流量主要来源,内容营销崛起。但是盲目追逐热点内容造成速食性内容泛滥,搅乱了内容市场,营销不够聚焦、不够精准、不够连贯,营销收效甚微。

首先,多元内容涌现,速食性内容稍纵即逝,但精神内核不聚焦,留给消费者的印象模糊;其次,内容输出盲目追逐热点,缺乏对用户心理的深度洞察,导致营销出现定位偏差;最后,短线营销内容运作频繁,缺乏连贯性、体系性,内容断层现象严重,传播效应难以积累。

对此,营销必须以数据驱动内容生产,提炼个性IP,持续内容输出,建立消费者情感连接。

(2) 中心化传播结构的渠道投放组合,广度、精度皆已乏力

新环境下,消费者分散于碎片化场景中,呈动态流动之势。此时,中心化传播结构的媒体组合投放方式所具有的覆盖优势不再,营销信息传播的广度与精度皆难达到,营销效果大打折扣。

过去在传播策略上主要以有限的静态媒体组合为主,使用有限的营销物料进行常规性投放,信息密度不足,无法实现多场景下、流动状态的消费者覆盖。

新营销在传播策略环节,必须兼顾广度和深度,实现全网域消费场景的精准覆盖,高密度内容分发的持续渗透,以消费者为核心,多维洞察,主动投送,从"信息等人"到"信息找人"。

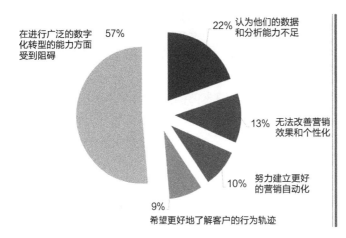

图1-1-2 来自Campaign的调查显示企业营销必须考虑全渠道的广度与深度覆盖

营销领域专业媒体Campaign针对"如何应对全渠道营销挑战"问题采访了100多位全球CMO和营销决策层,结果显示:目前,全渠道营销下,困扰企业营销最为重要的问题是企业数字化转型受阻,单渠道优化难以满足营销需求。另外,用户碎片化、去中心化导致营销效果难以集成,用户行为轨迹难以全部覆盖,无法实施高效营销策略。因此,碎片化、局限性的营销信息难以支持企业精细化运营,企业营销必须考虑全渠道的广度与深度覆盖,打通用户数据,才能真正洞察用户,支持企业运营。

(3)媒体平台化与内容碎片化的聚散博弈

传播是营销的一个关键操作点。传播领域正在发生的媒体平台化与内容碎片化的聚散博弈,对营销操作也产生了不可忽视的影响。

一方面,媒体正在向聚合化的超级平台进化。平台与媒体之间的边界日益模糊,那些具有数亿规模用户的传播平台因信息的融合化传播、用户的信息交互与公共表达、内容的社会化生产,越来越具有媒体化特征,构建出了平台化媒体的传播能力和竞争优势。

另一方面,内容的创作分发和消费却呈现出明显的碎片化特征。"互联网+"时代,内容生态格局发生了巨大变化,内容创作的门槛进一步降低,出现大批普通创作者。他们在自主创作内容之外,也拥有强烈的变现需求,由此也催生了服务于内容创作者的MCN、交易服务平台等第三方机构。无限的内容供应面前,用户的内容消费行为同样变得碎片化,他们在平台之间、内容之间随时流转切换。

媒体平台化和内容碎片化已经成为营销面临的传播常态,两者之间的博弈使得营销传播也需要在规模广度上和互动深度上做动态平衡和优化取舍。新的注意力场景不断涌现,在粉尘化的媒介接触条件下,如何有效触达消费者、持续吸引消费者的注意力,成为营销亟待解决的问题。

(4)流量假象,传播失效

流量假象主要表现为虚假流量多、流量成本高以及流量浪费大。众多企业都会遭遇"假流量"困境,大量的虚假流量导致流量成本不断被拔高,营销费用的浪费也陡然上升。

AdMaster数据显示,2018年1~6月国内互联网市场中,无效流量占比为28.8%,形势较为严峻;分行业来看,快消、电子、汽车、互联网科技等行业是无效流量的重灾区。

在国外,Bot Baseline 的一份报告显示,虚假流量导致的美国广告主的经济损失在 2017 年约达 65 亿美元。在 YouTube 上,部分网络红人(influencer)为了提高自身账号的商业价值,大量购买虚假流量。

根据《纽约时报》的调查,美国出现了专门为 YouTube、Twitter、Instagram 等提供"流量贩卖"服务的公司 Devumi。该公司在三年内卖出 1.96 亿 YouTube 观看次数,收益超过 120 万美元。

国内自媒体虚假流量的问题,更是有过之而无不及。

虚假流量之所以成为行业性弊病,背后是媒体平台、代理公司、数据方等各方在利益驱使下的裹挟,更是企业在不合理的 KPI(Key Porformance Indicator,关键绩效指标)考核下的妥协与无奈。广告主深受流量欺诈的损害,开始反击,大幅缩减预算,价格甚至逼近媒体和代理商的经营成本;媒体和代理商无奈之下,不得不进行流量作假,形成恶性循环。

2. 销售转化:成本高企,衔接不足

(1) 销售转化衔接不足,品效合一化为空谈

多元营销方式搅热营销圈,业界热议品效合一、销售转化,但由于缺乏有效的集客和转换衔接,实际转化效果并不尽如人意。

过去在营销上追求信息及时广泛地传递到消费者,但营销、销售环节转化路径过长、消费者流转损失大。消费者与销售之间缺乏有效引导,平台的积累和再利用能力弱,每次营销活动都需重新建立消费者连接,获客成本高,集约度低。对此,新营销在操作实践上必须搭建即时转化入口及引导平台,降低消费者流失率,引导销售转化。

企业营销成本居高不下,而相应的转化和收益却落之尘后,难以同步,不论是宝洁这样深耕中国市场 30 年的巨擘,还是伴随新兴市场新进入的其他品牌,都在深感传统营销模式失效带来的压力。根据宝洁 2016 年财报,宝洁 2016 年广告费用高达 72 亿美元,但巨大的广告投入却并没有换来品牌销售的快速增长,2016 年宝洁的销售额仅有 653 亿美元,利润 134 亿美元,还不及公司十年前(2006 年)的水平。尽管近两年宝洁在营销方面开启了"瘦身"计划,推行改革,但收效仍旧不尽如人意:2017 年宝洁的销售额为 651 亿美元,基本与 2016 年持平。

(2) 效果作假乱象,进一步暴露营销乏力问题

伴随着传统营销模式渐渐失灵的压力,营销效果造假的现象频出,让本就疲惫不堪的市场更添乱象。营销造假问题出现在方方面面,在流量、线索等核心效果指标中更为凸显。

简单的流量曝光等效果,距离真正销售转化还很远,企业更看重对高意向用户的获取,也就是销售线索(sales leads)。销售线索一直以来是不少企业孜孜追求的营销 KPI 目标,然而线索假象的水更深、更浑。

IDG 最近的研究表明,61% 的营销人员认为他们公司在获取高质量的销售线索方面存在问题。ANNUITAS 的调查显示,77.4% 的 B2B(Business-to-Business)营销人员认为线索质量是他们面临的最大挑战。

尤其是汽车行业的线索造假最为集中,损失最为惨重。如果在一些社交平台搜索"充场"这样的关键词,就能发现很多为汽车试驾活动寻找"龙套演员"的兼职招聘群。自由报名的人如果达不到营销机构当初向车企承诺的试驾人数,那就只能用造假来解决。

为什么会出现这样的状况?一方面是传统营销的"旧打法"在新市场环境下本身效果逐渐下滑,那么客观上,线索的获取成本必然会不断提高,获取难度不断增大;但是企业营

销的 KPI 一般都是跟着营收目标在逐年攀升。两相矛盾，形成剪刀差。这个问题客观上存在，但没有人敢于面对。最后的结果就是营销执行方用非正常手段实现 KPI，线索掺水作假。

另一方面，则是企业内部的机制问题。营、销分离再加上多个管理环节的介入，销售线索在企业内往往需要长周期、长路径的周转。等到消费者真正被跟进联络之时，他的决策意愿可能已经发生变化，线索已经失效了。

而且，当今的消费者，已经很少再能忍受被动、不确定性的等待和企业电话不定时的打扰。即便是真实的线索，在这种机制下转化效率也是每况愈下。我们在访谈中，就有车企提到，当自己的销售人员打电话给线索用户时，这个用户常常已经被竞品"骚扰"过很多遍了。

（3）多元化、社交化、智能化的结点运营

渠道是商品与消费者发生连接的触点，也是传播引流和销售转化的重要场景，在新商业新零售的浪潮下，渠道也不断演进出新的常态。从线下门店到线上电商，再从双线渠道到渠道的社交化和智能化，构建出社交融合、智能升级的线上线下多元渠道格局，对营销不断赋能的同时也要求营销操作不断创新。营销需要提供全渠道、多样化的服务来满足消费者全新的购物需求，赋予渠道更强大的连接能力，实现更高效更智能的传播触达和销售转化。

①渠道多元化：线下门店和线上电商早已是渠道布局的标配，而快闪店、智慧门店、体验中心、沉浸空间、社群电商、社交电商、小程序电商等新形式新业态的渠道不断涌现，这些多元化的渠道和场景既是传播的触点也是销售转化的售点，即成为商品与消费者接触、发生直接交易的连接结点。

②渠道社交化：社交属性正在赋予渠道更强大的连接能力，人可以勾连起营销中的各个环节，帮助营销构建与用户长期互利共生的关系，直播带货、小程序分享、建立各类线上社群、举办各种活动等，都表明渠道空间正在逐步变化为新的社交空间。

③渠道智能化：如今，越来越多的智能化设备与软件应用正加速融合。线下下单、线上付款或线上下单、门店领货的场景正成为现实，数字标牌、电子试衣间、智能定位与个性化信息推送、自助终端等一系列智能应用也让消费体验更加多元，能更快地满足消费者个性化需求，实现更高效更智能的触达。

3. 营销从分离到一体

长期以来，营销圈存在着一种怪现象：很多企业的营销部门和销售部门处于割据状态，缺乏共同的销售目标考核，缺乏有效的业务衔接。

"营"的定位集中在品牌宣传，"销"的定位集中在销售任务，双方目标缺乏统筹协同，导致很多"营"的品牌策略、传播策略都是泛泛实施，难以为"销"的环节提供真正有效的推动。而且，由于营、销不能形成合力，企业与用户的关系也难以得到有效连接和持续沉淀，难以形成企业增长的内生驱动力。

通常"营"的部门，主要承担品牌与市场建设的职能，负责洞察市场、产品创新、媒介选择、效果监测等。

但在不少企业中，我们看到品牌、媒介、公关职能是分离的；舆情监测、品牌资产等管理角色又与营销一线的业务角色分离；不同团队有不同的管理体系、不同的运营经费、不同的薪酬奖励机制；各团队之间缺乏深度的整合协调机制，导致营销传播中容易出现各种重复、

营、销环节割裂，难以实现企业与用户的有效连接

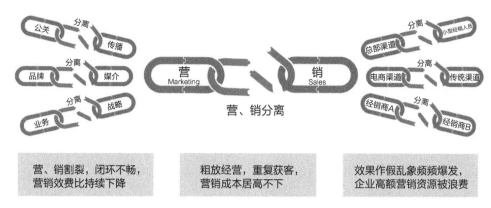

图1-1-3 "营、销分离"示意图

错位、断层等问题。

渠道销售在落地执行中，也常常分而治之。比如电商渠道和传统渠道是独立运营的两套体系，常常导致线上、线下的用户信息、线索缺乏整合，削弱了营销者对渠道全局的掌控力。经销商之间也存在着竞争、竞价等分歧，无法实现企业整体利益最大化。另外，经销人员与企业总部的连接较弱，经销人员对品牌缺乏归属感和责任意识，造成销售、服务不积极。

销售系统的种种分离状况，造成销售渠道、人员、物料的浪费，甚至滋生内斗、冲突，最终会影响企业对用户的服务输出、降低企业整体的经营效率。

而随着数字技术的发展，互联网出现新常态：2C外化，2B内化，营销底层的技术构建发生，营销之间的边界也随着场域等的变化、消费者的行为调整等而趋于弱化。

互联网进入新常态，2C消费互联网不断演进，2B产业互联网脉络逐渐清晰，从人与人的连接拓展到物与人、物与物的万物互联，一场新的互联网技术革命正在深化演进中。

从营销转型升级的视角来看，2C消费互联网是外化型的变革，营销需要以更直接的理念、更互动的手段面向消费者沟通，而2B产业互联网则是内化型的变革，营销需要从内部开始互联网化运营，在产品服务、渠道建设、传播优化、销售运营等各个价值链进行数字化、工具化的重塑和改造，充分发挥互联网在生产要素配置中的优化和集成作用。

对新的营销转型升级而言，"互联网+"最基础的要求，即是将技术作为营销底层的支撑系统。营销不能仅仅将互联网看作是传播的通路、卖货的场地，而是需要以互联网的大数据、云计算、人工智能等技术作为营销的底层基础，从内到外，赋能营销的全流程，在用户洞察、行为轨迹跟进、公域和私域传播优化、渠道管理、销售转化、客户服务等各个环节提升效率，在新市场常态下创造更大价值。

第二章

数字营销概念与理念

全域营销智能决策仿真系统的运行,实际上有赖于对"营销"的界定。在本书中,我们立足于"数字营销"这一基本概念展开对系统的设计,因此,在进入具体的关于系统的介绍之前,需要对数字营销的理念、概念等进行基本梳理,以界定清楚本系统所立足的视角以及范畴,同时,也需要在理解企业当下营销的核心理念前提之下,理解系统架构。

一、数字营销理念

当下,经济增速放缓和人口红利期结束,竞争却空前激烈,从营销的角度看需要梳理两种新的思维,其一是用户为中心,其二是以社交化为中心的连接。

以用户为中心的思维,要求营销重视对全周期客户价值的深入挖掘。社交化的广泛存在让消费者更深入有力地参与到营销中来,消费者甚至能与营销"协商品牌"。消费者与商品的关系运营成为新的营销理念,营销只有构建消费者和商品(服务)之间持续而长久的关系,才有可能最大化挖掘与创造用户价值及品牌价值。

1. 以用户为中心

过去我们的营销理念,虽然一直在提倡用户为中心,但事实却是以商品为中心,重视商品的开发与生产,重视商品的售卖与对顾客单次价值的挖掘,在与消费者的沟通中重视自身品牌形象的建立,以完成单方面对商品信息的传达为主要方式,营销的出发点是不断追求商品在市场销售获得的增量,不断强调获客。

而在市场新常态下,获取增量用户的速度与规模都无法持续,"以商品为中心"的营销思维已无法应对当下复杂的经营环境,营销重心要转向对存量用户的运营,"以用户为中心"成为市场营销的思维新常态。

站在消费者的视角,考虑如何让他们和商品建立持续而长久的关系,将消费者与商品的关系从单次的"买卖"变成长久的"共生",重视共同创造价值,重视长期服务,营销的目标是实现对存量消费者进行闭环运营,全周期深入挖掘用户价值。在这个过程中,人与商品都将变成资产,不断给营销创造新的价值。

图 1-2-1 营销新思维:以用户为中心

2. 链接社交化

市场的另一个新常态是"社交化"。作为群居动物,社交是人的天性和本能需求,内容和商品是人们进行社交的两大手段,人际传播、以物易物是远古时代的市场化社交雏形。而在社交网络技术和服务的发展支持下,社交成为无处不在的事实。每个人都拥有着复杂多元的社交关系网络:重情重义的熟人社交、重信重用的熟人社交、情感纽带的同好新社交、利益导向的消费新社交,在这些社交圈层中,内容社交与商品社交有了更多元的发生场景、更快速的发生频率,对传播、销售都带来了深远的影响。

一方面,社交的信息内容对人们的消费决策造成了影响,社交平台上 KOL、KOC(Key Opinion Consumer,关键意见消费者)、熟人圈子对消费者知晓、产生兴趣、购买等决策流程的影响力都在提升,甚至激发冲动式消费。另一方面,社交的商品和服务也对人们的消费触点、消费场景和体验产生了影响,社交电商、社群经济、微商、电商直播等新兴业态蓬勃发展,内容营销、口碑营销、红人带货、品牌 IP 化等营销手段也被广泛应用。

著名未来学家玛丽娜·戈尔比斯在其著作《社交经济:新商业的本质》中断言"我们正在告别一个由机构产品主导的非个人性的世界,走向一个围绕社会关系和社交回报运行的新经济……(和)新型社会"。社交对经济的运行机制、社会建构的模式都带来了重大的影响,"社交化"已经成为一种泛在的事实。

二、数字营销要素

1. 内容

多形态的内容信息,是流转在人、货、场各个要素之间的润滑剂,也是催化剂,用于软化商品和服务、连接人与货、促进人在各种场景下的转化。优质的内容自带黏性,让营销中各种角色的人都能参与到内容的生产和分发;内容是货的功能信息或情感属性的传递者;内容是场景的外化,在不同的需求场、媒介场与卖场里通过适配的内容,可以触发消费者需求,打通传播与销售。

新市场背景下,营销形态越来越趋向软性化,即从纯广告载体到搭载内容渠道再到和内容融为一体。同时,混媒时代、碎片化环境下,内容呈现出跨屏、跨渠道的去中心化传播路径,优质内容将取代媒体渠道成为未来更重要的营销资源。内容发挥作用的关键,在于对话消费者感性的大脑,激发共情、信任,与其进行深度沟通。通过与消费者达成精神共鸣,快速走入其内心;通过激发消费者信任,消除其顾虑,从而缩短消费者的决策时间,驱动销售转化。

(1)两种内容:共情性内容与信任性内容

不同场景,需要用不同的内容类型与消费者进行沟通。

要引发消费者共情,内容应具有趣味性和情感性的特点。要用有趣的内容、生动的表达吸引消费者的关注;还可结合态度、价值观、社会情绪等精神要素,借助人文的表达来调动消费者的情怀与情感,拉近品牌与消费者的距离。

要做到激发信任,内容需具有专业性和真实性特点。专业性要素需要展示专业信息,比如实验/测评、图表、权威数据、权威人士发言等形式;真实性要素一般要展现本人亲身体验、真实场景体验等。

(2)内容形式:呈现方式丰富多样,趋向轻量级、场景化

从大众媒体到两微一端+抖音快手小红书等,内容随媒介形态演进而不断发生变化,其内涵和外延得以充分拓展,能激发消费者兴趣和行为的一切事物皆可成为内容。

新的营销背景下,企业品牌可用来与用户沟通的内容愈发多元,可传播的类型也更加多样。因此,在生产环节,营销者需要拓展内容的创意类型和呈现方式。除企业品牌主导生产的商务内容外,由媒体渠道策划生成的信息类原生内容也逐渐成为主流,其中视频类、Feeds信息流、主题表情、游戏关卡等形式越发受到广告主青睐。此外,新的营销操作在内容生产环节的创新升级,还表现为将营销内容外延至产品详情、服务咨询等信息类型,产品即内容、服务即营销。

内容形态虽然更加多元,但并非都是大制作、大投入。为适应新的营销环境,新营销在内容生产环节将更侧重轻量级、场景化的内容形态,如H5、小程序、短视频等。

(3)内容内核:用内容IP统领驱动

营销活动因为形式创新让人眼前一亮,但能否让消费者从心里产生认同感还要看内容本身。如何让多元化的营销内容凝聚起来,以形成合力、发挥势能?在新营销体系之下,我们认为需要通过IP来进行统领,赋予内容以精神内核。

IP,从此前涉及影视、游戏、小说和动漫的泛娱乐表达,到如今已被泛化为由系统方法论构建的、具有生命周期的内容符号。它可以是具体的人,是文学影视作品或是某一个具象的品牌,更是能够持久、稳定激发用户情感共鸣的普世价值观、社会心态和精神内核。

在热点事件稍纵即逝、创意物料千变万化的今天,只有把握内容IP并以此统领营销,才能获得包括内容力、话题效应、人格化演绎、参与感和共鸣认同在内的多种长效营销势能。目前营销服务机构已经将内容IP视作营销活动的新能量源,并将其概括为机构的新营销理念或模式,运用在营销实操当中。

作为营销活动的发起者,企业如何锁定内容IP这一新的能量源?从目前业界的操作经验来看,将品牌内容IP化包装是大势所趋。然而,从品牌进化到内容IP的过程并非一蹴而就,而是由浅入深、从易到难。因此,一般情况下,品牌进行内容IP化包装分为以下三种操作模式。

①IP借势:品牌主动贴合当下爆款IP,借势营销,生产原生内容或合作衍生品。例如,当《复仇者联盟2》火爆大银幕时,三星、吉列、优衣库、奥迪、Under Armour、Uber纷纷寻求跨界合作,成为一时舆论热点。

②IP共创:品牌可以选择与知名IP生产者(包括网络红人、自媒体等)合作产出相关内容。例如New Balance与2016年最火女网络红人papi酱合作推出微电影《致未来的我》,深度挖掘papi酱这个超级IP爆红前的故事,通过一个平凡的、坚持不放弃的青春视角鼓舞大家跑下去,最终在社交媒体上取得了理想的传播效果。

③IP孵化:企业赋予品牌外在形态和精神内核,进行IP孵化,并通过运营使其成为人

们的生活方式和集体潜意识。例如,为了吸引新干线乘客在熊本站下车观光,日本熊本县政府设计出一款外形"呆萌"的吉祥物——熊本熊。配合外貌特征,熊本县策划了一系列公关活动,例如"熊本熊大阪失踪""熊本熊腮红遗失事件"等。此外,熊本熊还登上了当地各种产品的包装,开通了专属的 Facebook 和 Twitter 账号,走红网络。据统计,在熊本熊横空出世的 5 年内,熊本县旅游人数增长了近 20%。

2. 触点

新营销时代,场景的价值不容忽视。如何更深入地挖掘消费者的场景需求、提升场景体验,从而有效地建立用户链接,是值得探索的重要命题。

现实场景往往是由多维时空交织所形成的特定情境。比如,消费者不同人生阶段、生活状态下会有各种"需求场",传播流程中有不同"媒介场",消费环节有线上线下各种渠道的"卖场";多维度场景交叠,就会勾勒出这一特定情境下消费者的独特画像。

另外,场景也越来越跨界化。媒介场景正在逐渐卖场化,一些新形态的内容场景,如直播、问答贴等,成为网友种草、拔草的卖场;而卖场也可以媒介化,在消费的过程中激发用户生产内容、分享传播。

营销需要洞察以上这些变化和特征,提供与场景适配的传播、服务、体验等,从而找到或创造出与用户链接的切入点,带动传播及销售。

(1) 混媒触点

我们可以根据用户需求与阵地和媒体信息与场景两条脉络的重新聚合,将媒体演进划分为四个阶段:Offline 时代、Online 时代、Convergence 时代和 Mix 时代(即混媒时代)。

其一是媒体信息聚合视角。媒体从线下迁移到线上,再到线上线下联动、信息海量化。而随着内容生产力量不断释放、交互化功能建设逐渐完善,信息开始内容化,混媒阵地逐渐成型,平台从单一形式到混合形态,提供信息内容+场景消费的闭环服务。

其二是用户的信息行为。用户行为从线性到碎片,再到动态复合的折叠,用户进入多信源跳转、需求相互激发的阶段,既有分散的获得,也有瞬时的满足。

● 用户需求与阵地的重新聚合

在 Offline 时代和 Online 时代,无论是在线下还是在线上获取信息,用户信息需求在不同媒体阵地间相互隔离,如社交、娱乐、新闻、消费等需求,与媒体阵地呈现出一一对应的线性关系。

到了 Convergence 时代,用户能够从多平台综合获取信息,但是其行为呈现出碎片化的趋势,其信息需求在多平台间互为补充。

在 Mix 时代,用户已经可以围绕核心触点(内容、交互与消费),通过多信源获取信息,用户的内容、社交、消费等需求在混媒平台内被相互激发。用户通过对多种交互方式的主动或被动使用,在混合媒体平台内部与跨平台的跳动中满足其自身或即时或延时的多种需求。

● 媒体场景与信息的重新聚合

随着媒体数字化、平台化的发展,以 Convergence 时代为分水岭,原本由垂类信息平台给予满足的内容场景,由于信息的迁移与重组而发生了变化。这种场景与信息的重新聚合伴随着内容、消费等各要素的重新匹配,带来了新的媒体格局。

在 Convergence 时代之前,无论是 Offline 媒体,还是 Online 线上化催生的垂类信息渠道,如好大夫、汽车之家、宝宝树、马蜂窝等,都是将专业领域信息局限在了少量的内容生产者手中。媒体场景较为单一,承载的功能也有限。

进入Convergence时代后,大量的UGC、PGC资源出现,并转移到了综合信息平台,媒体场景种类激增,海量与多样信息涌现,用户的选择变多,但用户仍需要在不同场景之间来回跳转。

到了当下的Mix时代,综合平台可承载的功能进一步升级,逐渐演进成为多个场景混合交融的媒体(即混媒阵地),典型代表如微信、抖音、快手、微博、B站等。在混媒阵地下,为了适应多重场景的融合,UGC、PGC的内容制作趋于精细化,用户亦可以在同一混媒阵地实现不同场景的无缝切换。

综上所述,我们认为:混媒是多种媒体形态、多个媒体功能产品与多层级、多领域自媒体交融共生的生态;也是支持用户与用户之间相互激发,满足用户动态选择、按需定制、跨信源跳转评估、快捷消费使用等多种需求的新信息场域。

媒体、用户、品牌的关系发生着重构,从Offline和Online时代的隔离和线性对应,历经Convergence时代的互相联系,再到如今Mix时代的聚合重组,其间不断发生着动态的交融。过去品牌需要借助媒体背后的内容和受众去触达消费者;而到了混媒时代,媒体、用户和品牌在一个全新的信息场域下动态交融,彼此成就。

到了Mix时代,混媒具有更强的包容性、开放性。在多种媒体形态、平台化媒体和自媒体共生的生态下,媒介与用户、品牌三者在混媒场域下动态交融,彼此成就。散落在混媒场域下的触点,成为帮助品牌和用户建立链接关系的催化剂。品牌在一个混媒阵地可以获得广泛覆盖,多次交互,通过持续运营,不断激发、塑造、培育、转化消费者。

由此,我们可以看出混媒对媒体、用户与品牌这三者的关系正在重塑。

从媒体的视角来看,混媒是多种媒体形态、平台化媒体和自媒体共生的生态。

从用户的视角来看,混媒是赋能用户与用户之间相互激发的、动态的、自主选择使用信息的空间。

从品牌的视角来看,混媒则为品牌提供了直接与用户交流沟通、建立情感连接、实现价值共创、实践传播与销售一体的新场域。

从传播视角看,触点是用户信息需求与媒体信息功能的结合点;从营销视角看,触点是品牌与消费者关系链接的触发点。

在混媒时代,用户和媒体逐渐加深的融合与交互关系,影响和改变着品牌传播和销售的策略实操,而散落在混媒新场域下的触点,成为帮助品牌和消费者建立各种关系的催化剂。

此前中的"触点",是品牌广告作品和媒体广告资源的接触点,是在媒介策划和购买思维下,把媒体空间和时段的展示机会作为间接触达用户注意力的跳板,载体单一固化,难以重复利用。混媒语境下的触点不是静态的点,不是被动接触的点,而是媒体、用户与品牌共同参与和交融的点,是可以在营销环节中流动与裂变的点,是品牌和消费者建立和维系各种关系的催化剂,体现了混媒环境下新营销的变革与趋势。

因此我们认为混媒时代触点的内涵应进一步延伸。触点不仅仅附着在媒体的广告时空上,还体现在内容与人、人与人、商品与消费者的互动中,具体包括以下几种形式:用户在使用媒体过程中接触信息内容的点、交互方式的点、购物旅程的点。

(2)"人立方"触点

随着各类创新营销实践,越来越多角色的"人"参与到了营销关系链的构建中。我们把从消费者到企业中间参与营销的各类角色，总结提炼为四个层级的人：

- 第一类人是种子用户，是普通消费者中更活跃、更擅于分享的那一部分人群，他们乐于将购买或感兴趣的产品、服务分享给他人；
- 第二类人是具有人气的商业化传播者，如拥有一定粉丝基数的 KOL（Key Opinion Leader，关键意见领袖）、明星代言人、自媒体等，他们拥有人气、话题自带流量，出于商业目的大量承接内容策划、生产和传播扩散，是目前商业化程度相对较高的一类人群；
- 第三类人是社群的组织者，如群主、代购等，他们掌管着各自的小群体，发挥着强有力的带货能力，他们跟企业不一定有直接的雇佣关系，往往通过销售返点或佣金等方式与多个商家合作；
- 第四类人是企业的经销人员、导购人员，他们与企业的关系最近，是企业使命的个人化形态，通过 C2C 的人际交互方式，对消费者进行传播、服务、关系维系等。

以上的这些角色丰富了"人"作为营销要素的内涵，他们身处消费者中间，能够对消费者进行近场沟通，直接影响消费者的认知和购买意愿；同时更具灵活性、主动性、创新性，能够产生出更高的传播和转化效率。

新营销需要释放这些"人"的能力，通过利益激励和协作机制，让他们作为能动主体，整合自有资源参与到营销的分享、传播、转化、销售等环节中来，形成企业连接用户的高效网络。我们根据这些"人"的传播、裂变和转化能力等，提出他们已经成为营销场景中企业与消费者构建联系的重要"触点"，由于他们在不同维度的能力不同，共同构成"立方体"，因此，将这些"人"所组成的触点资源统称为"人立方"触点。根据营销中的能力不同，又可以再进行另一个维度的分类。

我们采用此前新营销研究的相关观点，"人立方"由三类不同形态的"人"构成："宣传的人""裂变的人""渠道的人"。

"宣传的人"是指具有较高知名度和关注度，具有较强宣传力和影响力的公众人物，可以在较短的时间内塑造强曝光和品牌印象，包括"明星大 V"①和"带货强 V"。

企业营销的初始阶段是曝光——让品牌声量更大，实现更广的印象与更强的覆盖，打造传播的广度，因此要用到"宣传的人"。"宣传的人"主要指那些本身拥有一定知名度及粉丝量，具有人气的商业化传播者，他们有着更广泛的影响力，在进行营销覆盖、品牌背书时能在社交平台上高调吸引大流量与目光，且会基于商业目的大量承接与输出、传播品牌内容。品牌需要与这些人深入合作，并让其为己所用，其中主要包括流量效应显著的"明星大 V"，以及能力突出的人气达人 KOL 和 MCN② 机构中的签约红人，可以视为"带货强 V"。通常情况下，"大 V"和"强 V"并肩作战，我们称其为"双 V 战略"。

"裂变的人"是指基于一定社交圈层的，是品牌信息、产品服务不断扩散、裂变的共创者，可以为品牌创造社交内容、组建线上线下的消费者社群、实现客服及发货等销售服务，包括种子用户、社群群主，也包括品牌自身专柜的销售和员工。社交媒体环境中，个人的扩

---

① 大 V，指的是在微博上十分活跃、又有着大群粉丝的"公众人物"。通常把"粉丝"在 50 万以上的称为网络大 V。"V"是指贵宾账户（VIP，全称：Very Important Person），账户会在名字前面显示一个 V 字符，是经过微博实名认证的高级账户，后来就成了尊称。

② MCN（Multi-Channel Network），即多频道网络，一种多频道网络的产品形态，是一种新的网络红人（influencer）经济运作模式。这种模式将不同类型和内容的 PGC（专业生产内容）联合起来，在资本的有力支持下，保障内容的持续输出，从而最终实现商业的稳定变现。

散能力可以助推企业营销的深度。

个人通过社交裂变,将自身的传播价值放大,使得品牌信息通过个人传达至其更深层的社交圈层中。企业需要发掘并借助利益激励激发这些可帮助完成社交裂变的人,实现通过裂变和扩散进入消费者的纵深多层的私域圈层中。"裂变的人"强调的是能在身边的特定圈层中起重要影响力的消费活跃因子,基本包含三种——种子用户、社群群主、企业员工。

"渠道的人"是指品牌在各层级分销渠道上的、每一个转化节点上的个体,他们在社交圈中的主动性和传播力是决定品牌销量的关键因素,包括批发商、电商主、小店主等。

"宣传的人"与"裂变的人"主要作用于品牌营销的传播效力。在传播以外,企业更关注直接的销售转化效用,其中作为销售渠道的人,包括批发商、线上线下小店主则起到了至关重要的作用。企业需要看到这些覆盖线上或线下渠道的人的存在,重视直接渠道的能力价值,打通及渗透进入消费者的线上及线下的多样场景渠道,实现直接销售转化。

对于个人消费者而言,"人立方"环绕在其周围,在社交的交互和流动中,产生品牌印象,形成产品认知,完成商品购买。企业也越来越关注到"人立方",正在进行各种尝试,通过"人立方"去发挥品牌传播的广度、扩散的深度、销售的效度。蓬勃发展的互联网环境中,对企业而言,消费者,或者说"人",早已不只是单向接收营销内容的被动者角色,多元分化的社交平台所构建的营销环境下,助力"人"在营销中的角色升级,让"人"成为品牌社交宣传、裂变、转化的核心,让"人"成为社交商业化运营落实的关键。

三、数字营销目标

1. 组合力目标

判断人、货、场、内容等新要素统合运营是否高效,需要实现新的营销目标,即品牌力、互动力与销售力,并考察三力协同的情况。

(1) 营销的广度:品牌力

紧缩的经济环境与互联网技术的发展使精准营销、效果广告成为热词,似乎比起营销的广度,营销传播要更看重精准度,品牌广告、形象传播被放到次要的位置。然而,这也是一个误区,营销在渠道、传播等方面的布局如果缺失底层的品牌形象和传播广度的支持,上层的效果广告成本会虚高,可转化的用户流也会枯竭。

相反,做好底层的品牌营销会对转化效果产生向好的影响。一方面,一个统一的、值得信赖的品牌形象能减少每一次跟消费者沟通的阻碍,提升转化效率;另一方面,通过情感、调性等品牌精神内核的打造,可以对话消费者的感性大脑,从而建立更深刻、坚固的关系,因此打造品牌力的营销广度是基础。

品牌力的实现要依靠人、货、场、内容各要素的运营配合。

既强调对媒体传播的应用,通过适合的媒介进行品牌形象的传播,拓宽覆盖的广度,也要加强B端导购或者C端种子用户与消费者的个人联系,通过他们的影响力,为品牌拓展传播的广度,实现更大的曝光。此外,在货的功能、设计、服务等环节注重温度与调性的打造,形成独特的品牌价值,与消费者共情,占领消费者心智。在品牌形象的统领下考虑需求场、媒介场、卖场的选择与适配,还要考虑内容上对于品牌精神内核、感性信息的传递。通过以上各要素的运营配合,更全面地覆盖品类用户,同时在消费者心智中占据牢固的地位,从而实现品牌力的提升。

(2) 营销的深度：互动力

新的营销是让营销各要素能自发地动起来，互相影响，相互渗透，从而放大品牌力的效果，而这要依靠营销的互动力。互动力意味着营销的黏性，是自下而上的消费者与企业、与商品关系的建立，有关系，才有挖掘顾客全周期价值的可能。

在社交化的新常态下，人、货、场、内容皆可互动，新营销要通过设计、提供相应的互动方式与情境，让消费者之间，消费者与货、场、内容之间自发地联动起来，实现裂变的传播效果。

充分利用种子用户、社群群主、专柜销售的信息扩散能力，进行软性种草、信息发布以及服务的提供，延伸营销内容在个人社交圈层中的渗透深度，催化销售转化的进行。通过价值共创、品牌精神内核建设、内容软化、跨界联合、互动技术嵌入等方式建立货与消费者的情感联系，使其自发地传播货的信息。利用共情的内容攻占消费者的感性大脑，增加内容黏性，在社交的媒介场与卖场里更好地扩散裂变。

(3) 营销的效率：销售力

销售力对营销的重要性不言而喻。进行自上而下的传播覆盖是为了更好地销售变现；跟消费者连接与互动，进行自下而上的传播交流也是为了更好地推动销售实现，销售力是衡量营销是否有效的重要指标。

销售力的实现也要靠人、货、场、内容各要素的精细化运营。一方面，货要同时满足消费者的功能及情感需求；另一方面，通过专业测评、权威数据等信任性内容传递货的功能价值，通过有趣的、饱含态度的共情性内容传达货的情感价值，同时还要充分发挥人的能力，将在各层级分销渠道上的、每一个转化节点上的个体组织起来，进行自主的品牌信息传播及客户服务，推动分销与流量转化。另外，拓展小程序、社交电商、智慧商店等新渠道，实现消费者在哪里，品牌就把货铺向哪里，为销售转化减少阻碍。

2. 一体化目标

营销对品牌力、互动力、销售力的打造，最终目的是实现传播与销售的一体化，加强双方的统筹协同、业务衔接，让品牌策略、传播策略的实施为销售的环节提供真正有效的推动，有效连接、持续沉淀和长效运营商品与消费者的关系，形成销售增长的内生驱动力。

营销一体系统所构建起来的企业与消费者的连接关系，将使得企业的传播、销售目标得以同步落实，对于新市场环境下企业的营销及经营效率提升，具有重大意义。

通过对传播、转化、服务等环节的实施升级，企业在消费者增量获取、存量激活、闭环经营方面将获得有力抓手，其价值体现在以下层面：

(1) 形成高效获客的新路径

通过场景分发锁定目标消费者，通过内容赋能和利益刺激获得传播势能，通过社交裂变加速传播扩散，通过经纪人在线承接提高销售转化效率。

(2) 形成持续连接消费者的新通道

通过数字化管理体系精准把握消费者需求，通过经纪人体系对消费者输出一对一服务，形成针对存量消费者的高效连接机制，从而大幅度降低重复获客的高成本支出，提升持续营销的效率。

(3) 构建闭环运营的新机制

在建立起消费者持续连接通道的基础上，企业可以对基盘消费者的全生命周期需求进行挖掘，为消费者提供更多样化的服务。通过闭环运营，不断固化消费者关系、加强消费者忠诚度，从而实现其对企业的持续消费、推荐消费等，夯实消费者资产，形成企业的竞争壁垒。

四、数字营销内涵

1. 数字营销的界定

当前企业的营销活动中,涉及的学科主要有偏向商科的营销学,以及偏向于文科(新闻传播学科)的广告学。与之相关的两个核心基础范畴是"营销"和"广告"。笔者在此先对两个基础概念的发展进行基本介绍,再对数字营销的概念进行界定。

营销学的起源研究关注的是商品的分销、交换和制造,最初的研究涉及商品交换、起分销作用的营销机构以及营销的功能等问题;而到了20世纪50年代早期,功能性质开始转变为营销管理,其特征是重视营销管理过程中的决策管理方法和突出对顾客的重视。到20世纪60年代,科特勒等人提出,营销是通过锁定目标顾客和采取最佳的营销组合来满足顾客的决策活动。到了20世纪70年代,营销管理的教材则试图确定营销决策变量,以此展开分析和教学。

美国市场营销学会(AMA)于1960年提出广告主要包括了可识别的出资人、以付费的形式提供非人际讯息等,这一定义经过扩充,到1980年波伦提出了更为全面的定义方式,将广告经由大众媒介、需实现说服效果等要素囊括进来,但总体上沿用的依然是AMA提出的这一框架,并没有较大变化。在2000年左右,关于"广告"的界定也出现了较新的版本,典型的如利肯比和李海容,以及理查和库伦,都提出了广告中所出现的变化,包括:付费或未付费(不再强调一定需要付费),以及消费者与广告主的双向行动(而非单向传播)。

对于"营销"和"广告"这两个概念而言,从其学科归属上具有较多差异,而从实际的营销运作中,本书主要采取广告视角下的"营销"(或者更明确地来说是"营销传播")展开界定。之所以如此,是由于本书(以及本书所依托的"全域营销智能决策仿真系统")主要针对企业市场部门等的工作及所处的行业环境,相对这一范畴内的主体更加贴近的仍然是"传播"工作,而并不太涉及营销中的产品、定价、渠道等相关任务。

在此视角之下,笔者提出本书中对于"数字营销"的界定:数字营销是企业及组织等,在数字化环境中,依托于大数据、人工智能、云计算等各类数字技术,以实现用户链接、互动为目标的传播活动。

2. 数字营销的内涵

(1) 从传播主体而言,包括各类型的商业主体(也即"企业"),以及国家、城市等"品牌"的管理方("组织"等)视角下进行展开的,围绕商品、服务等的推广而开展的传播活动。

(2) 广告在本质上是特定的信息传播活动,数字营销在本书中仍然聚焦于各个市场/非市场主体的信息传播活动。

(3) 数字技术推进:在由数字化的终端、网络环境和媒体数字化发展支持下,由大数据、算法、云服务等多种数字技术推进,而不仅仅包含人工智能、算法等狭义的数据处理技术,亦不仅仅包含所谓的"自动""智能"的活动。

(4) 营销目的:数字营销既有由固定出资人发起的广而告之的行为,又有在各种传播触点上存在的用户参与的互动和主动扩散的行为。

(5) 传播效率提升:一方面,数字营销涵盖广告洞察、广告策略、投放与优化等各个业务环节;提升了整个营销传播运营流程的效率;另一方面,数字营销推进了多种类型的广告资源(流量资源、社交资源、营销内容资源、数据资源等)的供需双方的流通和交易效率的提升,除了流量交易,也包括社交、内容、数据等各方面资源的流通和交易。

第二部分
仿真系统的发展及应用

本部分将介绍三个部分的内容：
- 仿真系统的历史沿袭；
- 兵棋推演在仿真科学中所处的位置；
- 商业兵棋推演领域的发展与应用。

从仿真的历史与概念层面来看，仿真是一种基于模型的活动，依赖于特定的场景和数据，并需要人的参与。历史上的计数行为和时间、空间的观测工具的发展为仿真提供了宝贵的视角。

在仿真系统中，建模目标与使用模型进行仿真密切相关。模型是对真实世界事务的简化再现，不同领域的模型具有特定的形式和建模目标。在进行建模时，需要明确系统问题、系统组建属性、可用模型的求解能力和分析人员的经验。由于源系统的复杂性和观察限制，建模需要在复杂性与简化之间寻求平衡，成功的建模可以有效地简化源系统，使其能够在有限的资源和模拟器上运行。

商业兵棋推演是一种基于仿真的决策支持工具，通过模拟商业环境中的各种因素和变量，帮助决策者进行战略规划和决策分析。商业兵棋推演的应用范围广泛，可以用于战略规划、市场营销、供应链管理等领域。通过仿真系统，决策者可以模拟不同的商业决策方案，并评估其可能的结果和影响。商业兵棋推演可以提供决策支持，帮助决策者制定更明智的战略和决策，降低决策风险，提高商业竞争力。

自20世纪50年代以来,商业兵棋推演领域得到了广泛的发展与应用,计算机辅助仿真的出现赋予了商业兵棋推演更为强大的能力,在培训与教育领域表现尤甚。通过建模与仿真,决策者可以获得对商业环境的深入理解,并做出具有前瞻性和可行性的决策。随着技术的不断进步,商业兵棋推演将在商业决策中扮演越来越重要的角色,为企业的发展和竞争提供有力支持。

与此同时,在算法与算力的支持下,商业兵棋推演的应用范畴也得以拓展,如社会传播、重大突发事件、医疗等诸多领域,为决策者提供了一个多变且有效的仿真决策手段,以支持提前谋划方案与设计反应。

第一章

仿真与兵棋推演

一、概念辨析

1. 仿真的历史及概念

仿真,即英语 Simulation 的意译,其直译为模拟。基于相似性概念的"模拟"(simulation)一词,早在 14 世纪中叶就已在英语中使用,因此由于使用场景、语言习惯的不同,"仿真"一词得以呈现出不同的含义。

从历史上看,现实展示出了复杂的规律性,历史为仿真提供了宝贵的视角。5 万年前人类最早开始的计数行为,为仿真提供了一个非常巧妙的原型——计数是一种基于模型的活动,其依赖于常见对象的稳定性与持久性,以及具有将其识别为特定集合的能力的成员;从数学上看,计数也涉及整数与相关对象的一一对应关系,无论是用斧头在树干上计数抑或是用木炭在墙壁上画痕,都可以被视为提供执行计数这一操作的计算基础。诞生于公元前 2 700 年的算盘则是我们所熟知的最早的计算技术系统,可以对基本算数运算的过程进行模拟。

纵观历史,日历、导航工具的使用形式也正在变得复杂,这既意味着观测到的时间与空间现象的日益复杂,也可以被视为人类对于时间与空间的仿真方法的进步。

由此我们可以看出,仿真是一种基于模型的活动,它依赖于特定的场景(源系统),需要数据作为基础,同时也需要人的参与。仿真的核心领域包括模型和数据,模型和数据为仿真提供了基本支撑,数据用于制定和校准模型,模型是根据建模形式制定的,用于生成数据;模型工程涵盖模型的制定、处理和使用的各个方面。

1976 年出版的《建模与仿真理论》一书认为"仿真有着坚实的(应用)基础,而不仅仅是解决问题的某种临时手段"。在此基础上,以伯纳德·P. 齐格勒为代表的学者认为 M&S(建模与仿真)可以被作为一门学科来进行研究,并由此提出了"建模与仿真系统框架",用以描述建模与仿真系统中使用的基本实体及其关系,同时提供了基于该框架内的一套理论定义。

在结构上,这套框架包括五个等级的系统规范,用以描述建模与仿真的系统结构,如表 2-1-1:

表 2-1-1

等级	规范名称	在这一等级可知的内容
0	观测框架	如何通过输入刺激系统;测量哪些变量以及如何在一段时间内观察这些变量
1	输入/输出行为	从源系统中以时间为索引回收的数据;由输入/输出对组成
2	输入/输出功能	初试状态;在给定初始状态下,每一个输入都会产出唯一的输出
3	转变状态	状态如何受输入影响;给定一个状态和一个输入,输入刺激结束后的状态;特定状态会产生的输出事件
4	耦合组件	组件及其耦合方式。这些组件可以在较低层次指定,甚至可以是结构系统本身,从而形成分层结构

其中,观测框架作为最底层,描述了我们所希望模拟的源系统(或现实世界)及我们对其进行观察的方式;通过第二层与第三层,我们将在数据层面中构建出一个进行测量和观察的数据库;通过第四层,我们得以通过更为简洁的表示方式来创建我们所需要的数据,例如公式、生成式数据等,通常所说的模型,就是在这一层级发生作用;在最高层,我们得以构建出一个生成系统,我们可以获知第一层的数据是如何生成的,同时我们也可以获知在数据生成过程中,相互连接的组件之间是如何发生作用的。

这一层次结构为我们提供了一个统一的观察视角,即当处理一个系统问题时,我们需要解决的问题只有三种类型:

(1)系统分析:试图根据现有或假设系统的已知结构来了解其行为。

(2)系统推理:当系统影响已经存在而无法获知其结构时,通过观察猜测其系统结构。

(3)系统设计:研究新系统或重新设计现有系统的替代结构。

在上述理念的引导下,建模与仿真框架应包括:源系统、模型、模拟器和实验框架四个基本实体,实体之间的关系如图 2-1-1 所示:

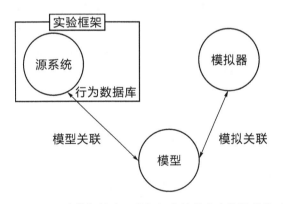

图 2-1-1 建模与仿真系统框架中的基本实体及其关系

其概念定义,如表 2-1-2 所示:

表 2-1-2

实体名称	定义	系统规范
源系统	真实或人工的数据源	0 级已知
行为数据库	观察搜集到的数据	1 级可观测
模型	生成数据的方式	3～4 级
模拟器	生成模型行为的计算装置	3～4 级
实验框架	规定观察或实验系统的条件	4 级

模型是真实世界事务的简化再现,不同领域的模型有其自身特点。对于模型的分类从根本上说依然服务于其所在学科的需求,模型的形式与其建模目标密切相关,建模目标与使用模型进行仿真的整体流程相关,而模型的形式则是这一过程中用于描述模型的工具。由此,无论采用哪种模型,都需要以"建模目标—仿真使用"为指导进行,其核心元素都应包括:

(1) 需要回答的系统问题;
(2) 需要分析的系统组建属性;
(3) 可用模型的求解能力;
(4) 具备相应经验的分析人员。

需要注意的是,在建模中的一个无法回避的事实是,所能观察的源系统本身可能是非常复杂的,无法呈现出可辨别的模式与无法观察到特定的结果的情况都是普遍存在的,而这也正是建模需要面对的——建模需要在复杂性上寻找平衡,成功的建模可以被视为对于源系统的有效简化,以便我们可以在资源或算力、有限的模拟器上运行,在营销仿真系统中,我们也会应用如上的原理。

正如乔治·鲍克斯[①]所言,"正如设计简单但令人回味的模型的能力是伟大科学家的标志一样,过度精细和过度参数化往往是平庸者的标志"。

将模型策划置于建模与仿真这一更广泛的框架内是很有意义的,因为建模与仿真是汇集多学科力量解决复杂问题的综合因素。要解决当今具有挑战性的复杂问题,如最近的大流行病应对措施,或许多日常领域日益增长的平等社会需求,都需要多学科专家的合作。模拟研究越来越多地由多学科、跨学科和跨专业的研究人员和实践人员组成的团队进行,他们应用各自学科的理论、方法和工具来寻求共同的解决方案。

从实用的角度来看,仿真有三种用途:

(1) 进行实验;
(2) 获取经验——以训练为目的获取或增强技巧、技术,进行娱乐;
(3) 进行伪装或仿制。

其中第一和第二部分是我们将在本书中讨论的概念,与此同时,进行实验和获取经验是使用建模和仿真的主要原因。仿真中使用的是现有或不存在的现实的模型或表征。

在实验方面,本书结合已有概念,将仿真定义为:仿真是使用动态系统模型进行目标导向实验的过程;而在获取经验方面,本书认为仿真具备训练与娱乐的双重定义,即仿真是一

---

① 乔治·爱德华·佩勒姆·鲍克斯(George Edward Pelham Box)是英国的统计学家,从事质量控制、时间序列分析、实验设计和贝叶斯推断等领域的工作。他被称为"20 世纪最伟大的统计学家之一"。

种受控条件下提供的培训,以帮助使用者获得或提高能力。

从实用与解决问题的角度,本书认为仿真可以被视为支持现实世界活动的一种基础设施,通过"非真实"的方式为真实活动提供支持,由此将上述三种用途进行拓展与解释:

(1) 进行实验:仿真可被用于决策支持、促进理解和教育的相关实验。

(2) 获取经验:仿真可在受控的环境下提供经验获取路径,例如进行训练以获取以下三种能力。

● 运动能力(使用 VR 环境或模拟器的虚拟仿真)用于提高运动技能,以熟练驾驶飞行器、车辆等设备,多数情况下,此类的仿真都需要使用者物理参与,同时在虚拟环境中或使用虚拟环境进行,此类仿真最为典型的案例就是飞行模拟器(Flight Simulators)[1]。

● 决策或沟通能力[建构性仿真——严肃游戏:兵棋推演、非战争冲突模拟(Peace Gaming)]用于提高、增强决策和/或沟通技能。在建构性仿真中,使用者通过与仿真系统或同系统内的其他使用者沟通来获取经验。如 2019 年 10 月 18 日,由约翰·霍普金斯大学健康安全中心与世界经济论坛和比尔及梅琳达·盖茨基金会合作举办的"Event 201"高级别流行病桌面演习[2],就属于研讨会式的兵棋推演。

● 行动能力[现场仿真——单平台仿真、交互多平台仿真(消防综合仿真等)]用于在可控环境内通过真实体验获得经验。现场仿真在多个领域获得应用,从军事行动到训练医护工作者,使用者会使用仿真设备(急救假人、医用数字人)等设备在现实世界中进行仿真。

(3) 娱乐(游戏仿真)。在娱乐中使用虚拟技术涵盖庞大的应用领域,这些领域通常与严肃游戏或教育存在重叠。

使用场景上,以建构性仿真为例。建构性仿真可以提供复杂的、社会技术系统性的表现,从复数的武器系统在多维度的战线上交战,到智慧城市的多维度管理,建构性仿真可以用于培训,同时高模型灵敏度、高观察感知度、高算力支持建构性仿真还可以用于分析与规划,甚至可以用于探索性的建模。在这一过程中,计算机的参与和辅助已经成为常态,计算机仿真实验在虚拟环境中系统地探索行动的决策空间,分析人员经常求助于计算机模拟来克服物理世界内实验在安全、金钱、时间或资源问题上遇到的挑战。在国防领域,使用计算机辅助的建构式仿真的做法获得了广泛认可,被认为有助于"快速增加 OODA 循环[3]的执行效率(Observe, Orient, Decide and Act)"。与此同时,随着技术的进步,建构性仿真中对于游戏相关技术的使用(游戏引擎、实时渲染)[4]可以为仿真流程提供非常逼真的界面与近乎实时的反馈,以提高参与者对于仿真的参与程度。

---

[1] 尽管飞行模拟器是否为最早的模拟设备还存在争议,但现代飞行模拟器被认为是一个多学科仿真的典型案例。详细内容可以参见 R. L. Page 于 2004 年发表的论文 Brief History of Flight Simulation。

[2] 原文为"Event 201 was a 3.5 - hour pandemic tabletop exercise that simulated a series of dramatic, scenario-based facilitated discussions, confronting difficult, true-to-life dilemmas associated with response to a hypothetical, but scientifically plausible, pandemic."相关内容可参见:https://centerforhealthsecurity.org/our-work/tabletop-exercises/event-201-pandemic-tabletop-exercise。

[3] OODA 循环,又称博伊德循环,由美国军事战略家约翰·博伊德提出,他认为决策是在观察—导向—决定—行动的循环中发生的,无论是实体还是个人,一旦可以快速处理这个周期,比对手更快地观察正在发生的事件并做出反馈,就可以"进入(影响)"对手的决策周期并以此获得优势。

[4] 例如微软开源的 Airsim(无人机/无人车)仿真工具,其本质就是依托于 UE4(虚幻 4)游戏引擎开发的插件,可充分依托 UE 的成熟开发环境进行快速验证与迭代。详细请参见:https://microsoft.github.io/AirSim/

兵棋推演(War Gaming[①])也可被归为建构性仿真的组成部分,我们将在下一节详细阐述。

总体上看,仿真是一种非常有用的解决方案,它可以表示一个正在研究的系统,以便进行综合实验,从而提高系统性能;模型与表现手段服务于仿真活动——只是达到目的的必要手段。

对于使用者来说,仿真提供了一个虚拟环境,可以对人员进行培训,这些用户将仿真视为一种强大的计算和训练工具。

随着时间的推移,仿真技术会不断得到维护、增强和重复使用,在许多计算科学中应用模拟,通过对模型实体的动态行为进行数字洞察来帮助获取新知识,从而将 M&S(建模与仿真)用作一种认识论工具。

2. 兵棋推演(War Gaming)

尽管长期以来围棋、国际象棋、象棋或某种遵循特定规则的扑克牌一直被认为是对于战争行为的模拟,也被视为现代战争游戏的前身[②],但如果深究兵棋推演在西方的发展路径,可以被视为源自以国际象棋为代表的"棋子+棋盘格"模式的发展,但并不完全脱身于国际象棋。

Wargaming,由德语"Kriegsspiel"翻译而来,直译为战争游戏,引申为兵棋推演。"Kriegsspiel"自身即为组合词,由 Krieg(战争)与 Spiel(游戏)两个词组合而来,克劳塞维茨曾将战争比作某种特定规则的纸牌游戏[③],但这一比喻并非严肃性的,包括"Kriegsspiel"的逐步演进也并未将游戏性赋予兵棋推演,甚至"Kriegsspiel"的发明者也认为自己所发明的并不是一种"游戏",即纯粹或主要用于娱乐目的。

从组成要素的来源上看,可大致分为两类——符号与地图,以符号(棋子、代币等)代表可供调配的资源,以地图(六角格、棋盘等)代表推演所发生的物理空间。

1559年,黑森州军事工程师莱因哈特·格拉夫·祖·索尔姆斯[④]曾发明一款纸牌游戏,用以描述不同阵型的部队,其目的在于对年轻贵族军官的训练。尽管游戏本身并未复杂到足以对战争行为进行"仿真",但这一尝试仍然可以被认为是"Kriegsspiel"的原型之一,包括著名法国雕刻家、设计师拉布瓦西埃[⑤]设计的纸牌战争游戏,某种意义上也可以被认为是同类型原型之一,即通过纸牌作为符号"还原"战争的过程。

而由国际象棋延伸出的"棋盘"进入兵棋推演的视野则更加复杂,从1664年出版的"魏

---

① 常见的翻译包括战争游戏、兵棋推演、战争博弈等,本书结合相关应用情况,认为兵棋推演并不只被应用于军事行动相关领域,为减少理解误差,故选用兵棋推演作为翻译。
② 同类型的还有希腊游戏"petteia"和类似的罗马游戏"ludus latrunculorum",两者均为"棋子+棋盘格"架构的游戏,被认为广泛应用于军事训练。
③ 转引自卡尔·冯·克劳塞维茨.战争论(上册)[M].中国人民解放军军事科学院译.北京:解放军出版社,1985:27.
④ 关于索尔姆斯与其发明的纸牌游戏请参见: Wintjes J. Europe's Earliest Kriegsspiel? Book Seven of Reinhard Graf zu Solms' Kriegsregierung and the "Prehistory" of Professional War Gaming [J]. British Journal for Military History, 2015, 1(2): 25-31.
⑤ 吉尔·乔德莱·德·拉布瓦西埃,其设计的游戏名为 Le Jeu de la Guerre,包括52张带描述的卡牌。有文献认为,这套卡牌是路易十四为教育孩子而订购的。

克曼游戏①",到赫尔维格发明的"Taktisches Spiel"②,将拓扑图法引入到兵棋推演之中,再到 1812 年,冯·赖斯维茨(Georg Leopold von Reisswitz)出版了 *Kriegsspiel* 一书,1824 年,他的儿子对其进行了改进,引入了纸质地图、单位标记和记录详实的规则手册,通过一场演示比赛说服普鲁士总参谋长在总参谋部引入了"Kriegsspiel"③为止,兵棋推演的组成要素基本都已出现。

而在上述长达近 3 个世纪的演进过程之中,兵棋推演的发明者一直都在为四个问题所困扰,这四个问题即便在今天,仍然是设计兵棋推演时所不可绕过的难点:

(1) 单位的表现形式;

(2) 地图的设计;

(3) 移动机制;

(4) 冲突的算法与规则。

彼得·佩拉(Peter Perla)④是现代兵棋推演领域的公认权威,他将战争游戏定义为"一种不涉及实际军事行动的人类互动演练,以及人类决策与这些决策的模拟结果之间的相互作用⑤"。兵棋推演是一种在不确定、不完善信息环境下探索人类决策方式、方法、范式的工具,换言之,是面对未知进行探索的过程。

从设计上看,我们将兵棋推演的设计大致分为 5 个阶段:

(1) 设计阶段:明确兵棋推演的目标、产出与执行推演所需要的资源,以及推演参与者的角色。

(2) 开发阶段:设计阶段的实施场景,将设计阶段中所划定的资源、要素进行定义,同时对推演过程进行验证。建构性仿真可以在这一过程中引入通过数据、模型描述的仿真环境。

(3) 执行阶段:推演的执行需要由推演的参与者(无论采取哪一种推演方式)进行,通过制定计划、做出决策、执行行动,影响推演的执行。执行阶段通常会由多个循环组成,每个循环均包括一个完整的"OODA"链,各个参与者的行动可能受制于场景与规则,其循环"OODA"链条的顺序也会因推演类型和形式的不同而有所区别。

(4) 分析阶段:这一阶段在执行阶段后,用于对所执行的推演结果进行评估,这是兵棋推演中最主要的知识沉淀方式,也是应对新一轮推演(如果存在多轮)的经验库。

(5) 迭代阶段:这一阶段的研究对象为上述四个阶段,上述四个阶段可以被认为是一次

---

① 关于魏克曼游戏请参见:Hilgers P V. War Games A History of War on Paper[M]. Benjamin T B R. Massachusetts London, England: The MIT Press Cambridge, 2012:32-38.

② 后改名为"Kriegsspiel",严格意义上,这是第一款自称"Kriegsspiel"的兵棋推演产品,其内容包括1 617个方格的可移动模型棋盘。

③ 实际上 Kriegsspiel 被军方接受与推荐的过程漫长且充满戏剧性,详细可参见 Wintjes J. "Not an Ordinary Game, But a School of War" Notes on the Early History of the Prusso-German Kriegsspiel [J]. Vulcan, 2016.08.01,4(1):52-75.

④ 彼得·佩拉,卡内基梅隆大学博士,美国海军分析中心首席研究科学家。在兵棋推演领域有长达五十多年的经验,被认为是世界兵棋推演领域的顶尖专家之一。其兵棋推演工作开始于1977年,在美国海军分析中心担任研究分析员,其著作 *The Art of Wargaming: A Guide For Professionals And Hobbyist* 于1990年出版后,即成为美国军事教育系统的标准教材之一,并多次再版。

⑤ 原文为"A warfare model or simulation that does not involve the operation of actual forces, and in which the flow of events is shaped by decisions made by a human player or players."译文为意译。引自 Perla P. The art of wargaming: a guide for professionals and hobbyists. [M]. Annapolis: Naval Institute Press, 1990.

训练单元,兵棋推演的设计并非固定的,而是处于动态前进中的,我们需要将训练单元中所获得的经验纳入新的推演设计或同一训练系统下的新训练之中,以动态和对推演进行完善。

从实践的观点上看,按照类型划分,兵棋推演可以按参与形式划分为以下几类:

（1）桌面推演——桌面推演以主题性讨论为基础,主题上应设计为持续性、递进性的,主持人会要求参与者按照特定的顺序思考问题,同时参与者相互交流,以解决主题中提出的相关问题。

（2）研讨会推演——研讨会是一个较为特殊的范式,通常涉及复数的主题专家(SMEs)[①]围绕特定范围进行探讨,多数的研讨会会提供一定的场景以作为背景,同时主题专家会根据其研究专业扮演场景中的不同角色。

（3）归纳性推演——更为令人熟知的名称为"头脑风暴",即一种开放式的推演活动,通过对于已知信息的归纳、分析和对于数据的拆解以获得有价值的概念。

（4）场景推演——这种类型的推演是最为常见的,也是目前应用最为广泛的。这种方式会为参与者提供一个特定的场景,用于指导后续推演的发展进程,参与者通过讨论、研究相关问题或议题、调动场景中给定的资源以获取目的指引下的最佳效果或解决问题的最佳路径。根据推演场景、主题的不同,基于场景的推演可以通过调整目标、规则、数据和模型从而适用于多种场景。

传统意义上,多数的兵棋推演被认为主要集中于战略层面,参与者经常被要求做出意料之外的决定,以继续推进推演进程,桌面推演或研讨会推演经常在这一层面被使用。

根据美国陆军战争学院的观点,兵棋推演也常态化地与教育、教学体系紧密结合,在这一过程中,归纳性推演和场景推演中的场景设计经常被放置在更为直观、偏重执行和中端维度的视角,例如中层指挥团队或用以应对特定任务环境的小规模特遣队。而无论是何种维度,从经验层面上看,兵棋推演的参与者在执行推演的过程中可以相互学习,参与者在交流想法与信息的过程中可以获得更为丰富的职业经验。

与建构性仿真中对于三种能力的训练类似,我们也可以从历史中获得使用"兵棋推演"类活动的一些基本目的,表2-1-3可以供参考。

表2-1-3 使用"兵棋推演"类活动的目标

验证计划	创建特定行动计划时估算理解概念、采取行动和计算以及人为延误所需要的时间
	通过测试与博弈,寻找计划的缺陷与可以使计划更为稳健的方法
创造与丰富想象	创造想法、方案、行动概念或战略、战术
	拓展对于未来的想象力
	拓宽并丰富对目标、价值观、目标实现影响因素以及备选方案评估标准的认识构建交流共识
	提高对问题和潜在后果的认识
	进行思想交流和社交,形成教育、共识和人际关系

---

① 通常情况下,研讨会所邀请的专家可以是同一领域的,但当设计的场景涉及复杂主题时,研讨会也可邀请非同一领域的专家共同讨论,扮演其所在专业领域的代表角色。

从涉及要素来看,我们将兵棋推演的要素大致分为如下 10 个:

(1) 场景——场景是所有兵棋推演的基本信息集合,是兵棋推演参与者开始规划活动、执行训练所需要的最基本信息。如军事领域的推演场景往往包括包含行动区域的地缘政治信息,描述政治、军事、经济、社会、信息和基础设施(PMESII)因素。

(2) 资源——包括参与者所能够调动的资源及其详细情况,是兵棋推演参与者进行行动时所能调配的资源池,资源可以是与角色绑定的,也可以是公有的。

(3) 目标——目标是兵棋推演设计与实施的关键,它包括了对于兵棋推演的可预期成果的声明。

(4) 图表——作为可视化的手段,图表资源的质量或者其二维、三维化的呈现方式,对于兵棋推演的整体质量存在重大影响,它是场景的附加物,其目的在于协助参与者进入仿真的过程。

(5) 时间——时间是兵棋推演的驱动力,对于时间要素的设计应该反映现实与设计目标的双重需求,在兵棋推演中,时间不必与现实行动的时间一致。

(6) 规则——规则为兵棋推演的组织者、裁判(军事相关领域或称导调)、参与者、分析师设定了界限,即便是裁判的行动也应该是符合规则的。

(7) 模型与数据——模型与数据为兵棋推演提供了严肃的仿真基础,尤其是现在,兵棋推演正在过渡到以计算机支持为基础的状态,模型与数据的参与可以为兵棋推演提供更为真实的信息、事态发展和对于效果的充分反馈。当兵棋推演正更多地面向复杂性、非结构性的挑战与场景时,模型与数据支撑下的计算与网络化要素可以为参与者进行必要的决策以为现实世界的情景提供空间,同时也允许参与者视场景与主题进行探索性的分析。

(8) 参与者——参与者是兵棋推演的主要力量,他们通过管理资源、策划过程与最终决策推动兵棋推演向结果发展。在一般兵棋推演中,参与者将分为互相对抗的两组团队,但在建构性仿真的推演中,参与者可根据场景情况分为多个团队。

(9) 协调人(裁判、导调)——协调人支持推演的进行,通过对参与者的计划与行动作出判定、提供资源、进行决算来推动推演的进行,协调人有必要有效激发推演参与者的积极性,督促他们在推演的时间内尽最大可能完成目标。

(10) 分析工具——如果推演的设计允许,参与者可以使用分析工具,以使规划、计划与设计更快更好。具体使用的分析工具类型可由协调人根据场景情况决定。

从推演的对抗方式来看,我们将兵棋推演划分为以下 4 类:

(1) 单方/单面推演——单方及单面推演只包括一个参与者单元,对手由控制组(导调部)提供,由控制组提供场景与主题,以开始推演推进,由控制组在推演过程中持续对场景进行条件性干涉或刺激,以迫使参与者做出与目标相关的决策。

(2) 双面推演——双面推演涉及两组相互独立、相互竞争的参与者单元,双方所遵循的规则与双方所拥有的资源将由推演协调人进行设置,推演过程中每个参与者单元中参与者的决定都要经由推演协调人进行裁判,裁判结果会呈现给各参与者,并为之后的推演提供参考。

(3) 多面推演——推演被设计成由多个相互竞争的参与者单元同时作业,围绕特定目标争夺。多面推演的行为规则更为复杂,不同参与者单元之间存在交互行为,这些交互行为可以是互助性的,也可以是博弈性的。

在一系列不同角度的划分之后,我们得以回归本节的主要论点——兵棋推演的本质,我们认为兵棋推演的核心任务是决策,其涉及真人决策者的方面,是传统意义上的仿真和模型所无法做到的,决策的细微差别都会放大"后决策端"的执行差异,从而影响结果。为了了解这一点,我们需要将仿真、模型与兵棋推演放在一起进行比较,研究其不同。它们在哪些方面是相互交叉、相互作用,在现实实践中又是如何相互补充的,我们将在下一节进行更详细的讨论。

二、分析视角下的仿真与兵棋推演关系

由于历史、概念、政治性表述、翻译等多重方面的原因,对于仿真(Simulation)与兵棋推演(War Gaming)的关系一直缺乏明确的界定和表述;与此同时,根据 Salen 与 Zimmerman 的相关研究,推演可被视为一个系统,在这个系统中参与者按照明确的规则参与虚构的冲突,最终产生客观或可量化的结果。在相关的讨论中,"游戏""推演""仿真""模拟"多年来一直为研究人员和从业者所探讨,尽管在相当长的历史时间中,对其确切的定义形成共识是一个尚未完成的挑战。

首先,让我们再回归到兵棋推演的本质:

兵棋推演首先是一种建构性仿真形式,DMSO[①]将其定义为:"一种体力或脑力竞赛,参与者在一套既定规则下寻求实现某些目标"。

(1) 推演的核心就是一场冲突。每个参与者心中都有特定的目标,这些目标可能是对称的,也可能是不对称的。例如,在历史性推演中,一方参与者的目标是复制历史结果,而另一方参与者则试图改写历史并取得胜利。

(2) 推演中的场景都有内在的障碍。达成目标是需要条件的,而条件是需要通过计划与决策获得的。

(3) 推演遵循既定规则。这即是我们上文所提及的关于建模"复杂度与可执行度"讨论的表现之一,为了使得推演得以进行,需要用规则、模型或数据简化现实世界。

(4) 推演存在结束。无论是限制时长或者规定特定目标,推演必须有在开始前就业已确定的结束方式。

(5) 推演中存在随机。通过掷骰子、抽纸牌或生成随机结果是可以接受的,逻辑上来看,特定事件发生的概率更应该处于一个区间而不是一个确定值。

(6) 推演是基于真实的。推演可能需要参与者拥有(或可能提供)有关真实世界发生的知识,以理解正在发生的事件和被要求做出的决策。

因此,归根结底,模型是在计算机或纸张上使用预先确定的数据运行的,并且仅限于已编入程序的动作、统计和行为。相比之下,兵棋推演中人的要素影响是极大的,这种区别是关键所在。

来自军事领域的相关定义给我们提供了一个有理但并不充分的视角——模型是"物理的、数学的或其他逻辑的系统、实体、现象或过程的表示"。仿真是"一种在一段时间内实施模型的方法"。兵棋推演是"冲突与竞争的再现,人们在其中作出决定并对这些决定的后果做出反应"。"仿真"一词通常意味着构成仿真过程的所有模型都被实例化为可执行的计算机代码,正因为如此,传统意义上大多数兵棋推演都不被认为或称为"仿真",当相关机构使

[①] Defense Modeling and Simulation Organization,简称 DMSO,为美国国防部 2006 年根据国会相关法律创立,2007 年更名为 The Modeling and Simulation Coordination Office,简称 M&SCO,其主要职能为领导美国国防部的建模和仿真标准化工作,并在美国国防部与北约和平伙伴关系组织框架下为美国国防部与北约的建模和仿真管理系统提供支持。

用"仿真"一词时,它仅指计算机托管的闭环战斗仿真,因此不包括兵棋推演,而结合我们上一章节的讨论,在现代环境下,仿真与兵棋推演的关系是更为复杂的,并非泾渭分明。

Perla将战争游戏定义为"一种战争模型或仿真,使用规则、数据和程序,不涉及实际的军事力量,其中事件的流程受代表对立双方的玩家在这些事件过程中所做决定的影响,并反过来影响这些决定"。北约(2015年)将兵棋推演定义为"使用特定规则、数据、方法和程序,以任何手段模拟军事行动"。*Red Teaming Guide*(《红队指南》)一书将兵棋推演定义为"一种基于场景的战争模型,其中的结果和事件顺序会影响玩家做出的决定,并受其影响"。所有定义都强调了兵棋推演的不同要素;然而,它们共同构成了成功实施兵棋推演所需的所有基本要素的范围。上述三个定义的共同点是使用模型和仿真。

对于任何兵棋推演来说,最基本的是尽可能接近真实情况的作战环境副本。复制品以模型的形式表现出来,其行为则通过仿真的方法,对模型与数据进行仔细检查。仿真的环境与设计对玩家产生刺激,首先迫使他们在战争游戏规划阶段发挥创造力,其次在兵棋推演认知阶段进行学习,这两个阶段都是在兵棋推演的环境中进行的。

以兵棋推演业界的视角来看,M&S(建模与仿真)方法的价值已得到明确界定并积累了丰富经验。建构性模拟主要用于训练,并为兵棋推演提供辅助与支持。

在此基础上,兰德公司的相关研究为我们提供了一张关于仿真与兵棋推演的相对属性清单(表2-1-4):

表2-1-4 仿真与兵棋推演的相对属性清单

属性	人群普遍认知		发展方向
	仿真	兵棋推演	理想化的仿真体系
定性/定量	定量	定性	应为定性与定量结合
是否有严格规则	是	否	应有(可进行严密逻辑、系统性的可重复实验)
是否具有权威性	是	否	应有(即便是在非确定性分析的场景)
研究应用范围	动力学场景	PMESII[①]	应可应对多元复杂环境
是否具有创造性/前瞻性	否	是	应有
是否具有适应性	否	是	应有
能否发现人为因素或缺陷	否	是	应有(通过推演中的参与者们、参与者与AI代理的互动)
是否生动有趣、有利于团队建设的	否	是	应有
是否有"人在回路"中	否	是	应有,并可有灵活选择的选项
是否有清晰、有说服力的沟通环节	否	是	可灵活选择;有时达成沟通需要兵棋推演作为最优选,但有时相关沟通结果也可以通过仿真体现

① PMESII:Political(政治),Military(军事),Economic(经济),Social(社会),Information(信息情况),Infrastructure(基础设施)。美国及北约军事组织使用的环境分析框架,其发展版本为PMESII-PT,增加内容为Physical environment(自然环境)和Time(时间)。其原型为1967年由J Aguilar F在*Scanning the Business Environment*一书中提出的环境解析框架。同类型的环境解析框架还有在战略分析领域所常见的"STEEP",即社会、技术、经济、环境和政治。

在通常理解中,仿真被视为高度定量化,且具有严谨性和权威性,对于动力学驱动的场景有高度的处理能力,但同时也有观点认为仿真是由制度化的模型分析主导的,其数据也是来源于旧场景,仿真对于需要快速反应的现实和新出现的问题呈现反应迟钝的状态。相比而言,兵棋推演反而被认为更具有结合场景的创造性与前瞻性,更能适应高速变化中的社会,同时更有趣和具备活动向心性。更为重要的是,由于兵棋推演是以参与者(人)及决策为中心的,在相当多的场景下,这一优势被认为是兵棋推演更为接近真实情况的表现。

仿真模型是根据数学和逻辑关系开发的特定技术,用于获得对相关系统的一定了解。然而,如何将适当的 M&S 工具与日益复杂具体的问题场景联系起来是一项巨大的挑战。以 Connable、Perry、Doll、Lander 和 Madden 为代表的仿真实践学者为支持美国政府在伊拉克和阿富汗的决策而开发的一系列仿真建模工具,在名为 *Simulation and Operations Analysis in Afghanistan and Iraq:Operational Vignettes,Lessons Learned,and a Survey of Selected Efforts*(《阿富汗和伊拉克的仿真和作战分析:行动插曲、经验教训和部分工作调查》)的报告中,对将工作过程中建模与仿真应用作为解决复杂问题的唯一手段及其产生的局限性进行了有价值的描述与反思。报告认为在面对复杂问题时,适当的 M&S 工具很少见,而且仅限于相对确定的问题。

从决策科学的角度来看,领导者渴求了解他们所处环境的方法,并在考虑影响战术和战略决策的所有因素的同时,制订能够完成任务的计划。对于当今任何做出生死攸关决策的领导者来说,发现知识至关重要。这些知识必须建立在专家判断和可靠数据的科学基础之上。

兵棋推演在军事领域已有数千年的历史,孙子曰:"夫未战而庙算胜者,得算多也;未战而庙算不胜者,得算少也。多算胜,少算不胜,而况无算乎!吾以此观之,胜负见矣。"无论孙子所说的"庙"是指领导者的头脑,还是指由一大群顾问和参谋组成的庞杂机构,当务之急都是要从行动情况中汲取真知灼见。

计算机辅助兵棋推演在裁决决策和实现模拟资源在现实环境中虚拟调配的可视化方面具有令人难以置信的优势。领导者还有其他工具,包括分析、部署和历史数据以及模拟模型,这些方法能提供有用的信息,但不一定具备负责决策的领导者所需的严谨,且并不完全基于动力学的分析能力。随机计算机模拟、兵棋推演与可重复实验共同提供了一种手段,计算机辅助兵棋推演融合了一线工作专业人员的经验,他们的专业知识被整理、数据化、规则化,进而注入了推演的每个回合,以完善推演。

与此同时,部分学者(Hernandez、Cayirci、Marincic 等)认同仿真模型创新应用的一个必然结果是为兵棋推演和演习提供支持。CAW[①] 和计算机辅助演习(CAE[②])的优势显而易见。在前端投资开发计算机基础设施后,这些基础设施与数字资产可重复使用,从而节省时间和成本。互动的自动裁定进一步实现了自由发挥。此外,权威的资料来源也为对问题的共同理解建立了基础,在社会科学领域,这一点尤为重要。

而回到关于"这究竟是仿真还是兵棋推演?"的这个争议,尽管在前文中我们已经从学理框架上对这一问题进行了回答——"兵棋推演可以被认为是建构性仿真的一种形式,遵

---

① Computer-Aided Wargame,CAW,计算机辅助兵棋推演。
② Computer-Assisted Exercises,CAEs,计算机辅助训练。

循仿真的学理基础。仿真中所使用的模型与数据可以为兵棋推演提供支持。"但从对于兵棋推演的分析视角出发,我们不妨借助上表,来对这一争议进行回应:

(1) 不可重复性:兵棋推演一旦结束,参与者就必须获知推演结果,与仿真的计算机运行不同,参与者记忆往往是兵棋推演继续演进的重要组成部分,尽管在实际操作过程中,兵棋推演的决策往往是"一锤子买卖",但获知结果有助于参与者了解情况并对场景做出更多选择。

(2) 定性与定量分析:当仿真模型运作时,对事件发生进行归因是相对困难的,尤其是我们所需要关注的场景极为复杂时,尽管我们可以获知调用的算法或随机的结果,在计算机辅助下仿真也可以很好地生成统计数据,但仍然需要建模人员、分析人员评估和挖掘动态逻辑,并据此尝试回答"为什么会这样?"这个困难的问题。而在兵棋推演的过程中,由于人在决策中所扮演的至关重要的角色,归因的方法往往首先会通过分析参与者和参与者主导的决策展开。

● 参与者的行为、讨论的过程可以被记录:考虑了哪些方案?决策的过程是怎样的?选择这一决策的核心原因是什么?哪些问题被忽视了?这些关键问题有助于在推演过程中使参与人和协调人更好地了解最终结果,并从中学习。

● 参与者的推演反馈可以通过调查表、问卷、访谈等方式获得,参与者的反思和想法可以有效地为后续推演迭代提供信息,已形成正向的迭代循环。

(3) 主观控制:在兵棋推演过程中,协调人的主观控制非常重要,视场景不同,协调人可能扮演的角色也并不相同。

● 协调人作为推演的组织者,需要使推演结果导向发展,从而使推演能够受到足够多的数据,同时需要回答参与者的问题,这意味着需要引导参与者避免错误的推演方式或使用倾向。

● 协调人需要作为裁判裁决结果。

● 在需要更高层次决策作为伴随式场景内容的情况下,协调人的角色将发生分离(不应该既作为裁判员又作为参与者),分离出的第三方将作为场景的一部分,负责随推演进行,为参与者提供简报中所没有的信息或在适当的时候激活其他条件,以推进推演进行。

利用最新技术(包括但不限于模拟、人工智能、数据科学和可视化),毫无疑问为兵棋推演增添更多能力,但人的思维是而且必须始终是兵棋推演的中心。将冲突博弈简化为计算分析会导致结果过于局限,因为人类的创新和创造力是这一过程的关键组成部分。然而,我们需要模型、方法和仿真工具来完善条件,为决策提供信息,并澄清各种因素,从而发现问题、证实结论并指明方向。决策工具、场景工具、裁决工具和综合工具必须在兵棋推演过程中支持人的思维。业界和学术界的合作伙伴介绍了各种方法和工具,将理论上可能实现的极限推向了现在的实际可行,我们将在下一章的行业应用中为大家介绍。

第二章

兵棋推演的应用价值与商业兵棋推演

一、兵棋推演系统的应用价值

复杂性理论的最新研究成果表明,决策者在面对当下环境时需要更好的支持,他们需要能呈现与现实中相同的复杂性的培训和评估环境,他们需要能帮助检测、理解和管理复杂性的决策支持,特别是新出现的典型复杂性行为。

适当使用多种工具的迭代循环研究可能会取得最佳结果。每种方法都能相互促进,避免某些弱点,与此同时,每种工具也都需要采用最佳的部署与使用方式,以避免可能削弱整体工作的某些病症。采用兵棋推演、作战分析(包括建模与仿真)和演习的循环研究将为解决复杂、棘手同时要求快速反应的问题提供最佳答案。

在大多数情况下,完全依赖仿真的行动都不会奏效,原因在于问题主要由人类作出决定,特别是在决策链条中充满了不确定的条件和不充分情报的条件下;当问题超出原有模型或源系统时,那么竞争要素之间的相互作用就很有可能不被完全理解,更糟糕的是,冲突参与各方的决策范围(或决策空间)也无法被清晰描述。

回到应用价值的问题,我们为什么要这样做?

无论是企业还是政府,大多数运营分析都致力于支持为实现目标而制定或执行的战略。为了充分支持该战略,分析人员必须了解什么是战略以及战略的支持要素。在《好战略,坏战略》一书中,理查德·鲁梅尔特(Richard Rumelt)对什么是好的战略进行了精彩的总结:

一个好的战略归根结底是一个关于什么会奏效的假设……

一个好的战略至少有 3 个基本组成部分:

● 调查分析——对情况进行诊断;

● 指导方针——总体指导政策的选择;

● 连续性活动——协调一致的用于落实指导方针的行动……

一般来说,战略杠杆作用来自预测、洞察形势中最关键或最重要的因素以及集中精力……最关键的预测是对他人行为的预测,尤其是对竞争对手的预测。

要取得成功,领导者必须研究问题,并告诉下属如何行动才能实现目标,领导者的指挥链条将完全基于其对于问题的理解和其希望获得的状态。

而在一个竞争态势中,参与竞争的多方都有自己的目标,也将设计行动来实现这些目标,而抽离出上帝视角,竞争各方都必须根据竞争对手的行动和假定行动来调整自己的行动。好的战略在实际执行前,会根据对方的行动对计划进行修改。而在实地执行时,计划永远且一定会发生变化,甚至多数情况下,计划很少能按照命令准确执行,这既是人的因素之一,也是现实的限制。这些都是棘手问题的典型要素。任何问题解决方案的实施都将不可避免地改变问题,特别是随着竞争的发展,对方领导层也会做出相应的调整。因此,作为判断现状的一部分,任何支持决策的有效分析都必须考虑到可能存在的竞争对象的行动。

这样,分析就成了辩证法,成为需要多方分析的体系,而这还是建立在竞争各方掌握相似的资源的情况下,当竞争方可能包括从未被纳入评估的新能力、行动、理论等时,分析就会变得更加复杂。

继续罗列复杂的情况显然对现状无利,领导者和参与者必须通过一个起点,用以解决问题,这个起点通常就是情景。

建构性仿真与兵棋推演系统的目的是创造一个特定的情境,在人的参与下使其稳定运行与输出,因此当我们在讨论兵棋推演的应用价值时,我们首先应该关注到的是其具备现实价值的特征。值得注意的是,与游戏并不相同,艺术与设计方面、文化方面并不是兵棋推演系统的重点关注,但有效的设计和文化表现对于兵棋推演仍然可以提供助力。

结合实践的情况,我们可以为仿真体系的兵棋推演总结出如下的实用性特征:

(1) 真实世界的系统表征;
(2) 灵活多变的场景、规则与策略;
(3) 非确定性的决策环境;
(4) 近乎平等的竞争环境;
(5) 更为经济的部署、维护成本;
(6) 无严重后果或损失的试错环境;
(7) 游戏性元素的娱乐性与参与性带来的临场感;
(8) 可快速迭代。

尽管这些特征可能与前文中的讨论有所重复,但我们要注意的是视角的转换,当我们将视角从研究者转换为组织的领导者时,我们会不由自主地发现上述特征所具有的潜力和优势。

借用"围绕场景"的思考范式,我们该在什么样的场景下使用兵棋推演呢?以下提供几种具有参考性的案例:

● 审视我们的战略计划,针对战略的兵棋推演可能会持续数日到数周,目的是让各组织参与者有机会熟悉自己在计划中的角色与计划内规定的行动。

● 测试我们的战术计划:从更有限的意义上讲,标准的决策程序(DMP)[①]包括一个名

---

① Decision Making Process,脱胎于美国陆军 MDMP 流程(The Military Decision Making Process),共分为 7 个步骤。目前已被商业领域广泛采用,其变体有 5 步、7 步等多种,考虑到使用与权威性,本书中采用 7 步版本,分别为:Identify the decision 确定决定;Gather relevant information 收集相关信息;Identify the alternatives 确定备选方案;Weigh the evidence 权衡情报;Choose among alternatives 从备选方案中做出选择;Take action 决策并采取行动;Review your decision 回顾决策与行动。

为"行动方案(COA)分析推演"的步骤,在这个步骤中,新形成的计划要接受桌面推演的测试,其目的是在计划组织层面演练行动或计划。

● 培训与教学:我们可以通过假设性的情景,让参与者迅速进入其职业场景之中,利用预设的场景、行动、计划引导参与者的行为,从而达到培训与教学的目的。

● 系统开发:这种推演通常是探索性的,推演的场景往往存在部分虚拟的元素,如虚拟的技术系统或现有技术系统的虚拟功能等,在推演过程中,将通过场景设计对虚拟的部分逐步测试或分析,这样做的目的是让开发人员厘清需求:"新系统/拟议系统是否与预期的一样?""哪些调整可以改进系统?"

以上仅仅是部分兵棋推演可发挥作用的场景,在下一节中,我们将着重分析其在商业领域的应用。

二、商业兵棋推演

2005年,经济学家托马斯·谢林(Thomas Schelling)因其"通过博弈论分析改进了我们对冲突和合作的理解",将博弈论导入人与人之间、人与国家之间的互动而获得了诺贝尔奖,他的"不可能性定理"[①]的核心观点是"一个人无论分析得多么严谨,想象得多么英勇,都做不出一份他永远不会想到的事情的清单"。而现代专业商业兵棋推演的最主要作用,就是提供一种允许领导者在团队的帮助下应对"不可能性定理",在最大程度上为团队的决策保驾护航。

在上一章中,我们讨论了兵棋推演的演进。随着兵棋推演在军事和政治领域的发展,似乎很明显,经过一段时间后,商业界也会发现这一工具;尤其是经典军事兵棋推演的许多元素似乎都可以移植。公司面对的不是敌人的军队,而是竞争对手;公司争夺的不是领土,而是市场份额和利润;公司使用的不是火炮和其他武器系统,而是人员、资金、设施、原材料、技术诀窍、营销工具、生产流程和创新等资源,由此,将兵棋推演引入商业领域似乎显得水到渠成。

1958年,《哈佛商业评论》(Harvard Business Review)上的一篇文章首次提到了战争游戏方法在商业环境中的应用(图2-2-1),当时使用的术语是"商业博弈(Business Gaming)"和"管理模拟(Management Simulation)",文章认为"商业博弈是第一种模拟现实中的企业运作并迫使参与者应对高级管理者所面临的重大难题的有益尝试",同时文章列举了部分工具,包括我们在下文会提及的AMA及麦肯锡公司[②]开发的"行动推演",这些工具借鉴了战争博弈中的军事经验,主要用于培训和教育目的。文章中最为值得注意的部分是将战争游戏大致分为两类:"整体"推演和"功能"推演。整体推演着眼于公司整体,侧重于决定企业发展方向的高层管理决策;而功能推演,顾名思义,侧重于公司的特定功能领域,从运营研究的角度出发,以具体问题为驱动力,探讨优化生产、财务或营销等主题。

---

① Impossibility Theorem,翻译为不可能性定理。Thomas Schelling的原句为:One thing a person cannot do, no matter how rigorous his analysis or heroic his imagination, is to draw up a list of things that would never occur to him.

② 麦肯锡开发的推演在当时还被称为商业管理推演(Business Management Game),作者为Jay R Greene。

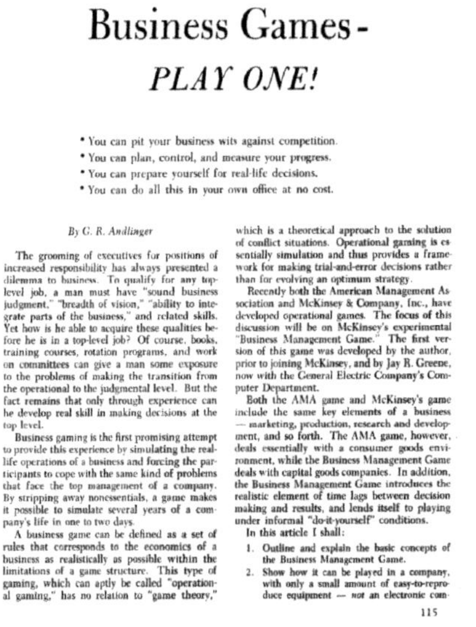

Business Games -

PLAY ONE!

- You can pit your business wits against competition.
- You can plan, control, and measure your progress.
- You can prepare yourself for real-life decisions.
- You can do all this in your own office at no cost.

By G. R. Andlinger

The grooming of executives for positions of increased responsibility has always presented a dilemma to business. To qualify for any top-level job, a man must have "sound business judgment," "breadth of vision," "ability to integrate parts of the business," and related skills. Yet how is he able to acquire these qualities before he is in a top-level job? Of course, books, training courses, rotation programs, and work on committees can give a man some exposure to the problems of making the transition from the operational to the judgmental level. But the fact remains that only through experience can he develop real skill in making decisions at the top level.

Business gaming is the first promising attempt to provide this experience by simulating the real-life operations of a business and forcing the participants to cope with the same kind of problems that face the top management of a company. By stripping away nonessentials, a game makes it possible to simulate several years of a company's life in one to two days.

A business game can be defined as a set of rules that corresponds to the economics of a business as realistically as possible within the limitations of a game structure. This type of gaming, which can aptly be called "operational gaming," has no relation to "game theory," which is a theoretical approach to the solution of conflict situations. Operational gaming is essentially simulation and thus provides a framework for making trial-and-error decisions rather than for evolving an optimum strategy.

Recently both the American Management Association and McKinsey & Company, Inc., have developed operational games. The focus of this discussion will be on McKinsey's experimental "Business Management Game." The first version of this game was developed by the author, prior to joining McKinsey, and by Jay R. Greene, now with the General Electric Company's Computer Department.

Both the AMA game and McKinsey's game include the same key elements of a business — marketing, production, research and development, and so forth. The AMA game, however, deals essentially with a consumer goods environment, while the Business Management Game deals with capital goods companies. In addition, the Business Management Game introduces the realistic element of time lags between decision making and results, and lends itself to playing under informal "do-it-yourself" conditions.

In this article I shall:

1. Outline and explain the basic concepts of the Business Management Game.
2. Show how it can be played in a company, with only a small amount of easy-to-reproduce equipment — *not* an electronic com-

115

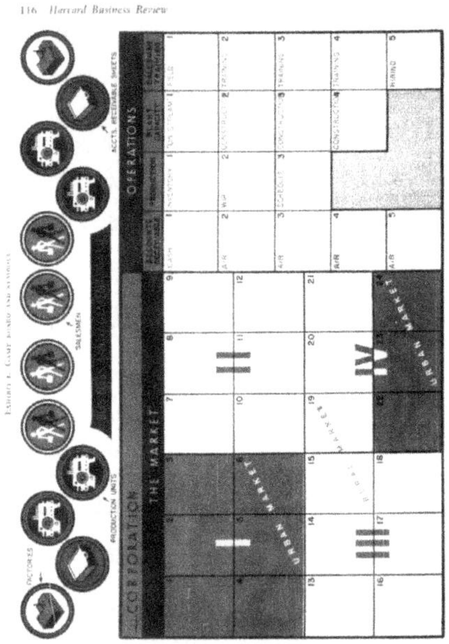

图 2-2-1 Business Games - Play One 文章截图与其系统得分卡

在《哈佛商业评论》发表这篇文章的前一年，美国管理协会（AMA）开发了第一个广为人知的商业推演，名为“AMA 高层管理决策仿真（The AMA Top Management Decision Simulation）”。在推演过程中，代表不同公司高管的玩家组成团队，为各自的公司作出商业决策。通常情况下，5 个团队（每个团队由 3～5 名队员组成）必须决定生产一种产品，并在竞争环境中与其他 4 个团队的产品竞争销售。仿真时间跨度为公司实际运营的 5～10 年，为了减轻参与者的计算负担，仿真过程中只允许每个公司团队选择数量有限的决策方案，同时基于实际条件，在有限计算能力（笔算或计算器）的支持下，利用了一个数学模型来评估和计算各团队之间的表现以及在市场上可能出现的结果。基于这款仿真的成功，美国的许多公司和教育机构都采用了该推演系统。这些早期商业兵棋推演的主要重点是提供学习体验，让现有和潜在的经理人更好地为经营公司做好准备。

在接下来的 20 多年里，商业兵棋推演得到了广泛的发展，但并未出现真正意义上的革新，直到 20 世纪 80 年代中期，商业兵棋推演聚焦到为更具战略意义的商业需求服务——分析竞争对手、提供决策支持，这也成为商业兵棋推演持续至今的重要目标之一。以博思艾伦为代表的咨询公司开始将商业兵棋推演工具用于场景化的训练与服务，其商业兵棋推演的实践“证明了商业兵棋推演可以帮助批准合理的计划和战略，更有价值的是揭露哪些存在严重缺陷的想法”。

进入 21 世纪以后，商业兵棋推演的应用范围有所扩大，现在包括涵盖战略制定或现有战略验证等领域，其不再局限于战略（宏观）层面，随着管理科学的发展，领导者意识到中观乃至微观层面的重要性，商业兵棋推演也由此向更为战术（微观）的层面延伸，尽管这同时导致了一部分学者认为的“商业兵棋推演的复杂化”，但借助于计算机辅助技术、VR 技术、人工智能技术，商业兵棋推演变得更为复杂多变的同时，其部署能力、反应能力正在获得前所未有的提高,应用领域也得以拓展,我们将在下一节简单介绍部分商业兵棋推演的应用场景。

三、商业兵棋推演应用

与兵棋推演类似,商业兵棋推演也需要围绕特定主题展开,在商业领域如何确定兵棋推演的主题,许多专家都会以战略作为引导,他们认为透过战略,作为企业的领导者可以制定计划、监督计划执行、领导组织行动。结合上文我们对于"好战略"的讨论,我们可以将战略划分为三个主要问题:

(1) 要实现的目标或愿景是什么?

(2) 有哪些可能的阻碍?

(3) 为了实现这一目标,进行了哪些准备,计划开展哪些工作?

这些问题的回答将为我们提供一个基本的场景,同时也是一个典型的战略规划的过程,即"设定目标—分析环境—制定方案",但这只是实验室中的一种理想情况,其中最为理想化的部分就是在这一过程中,我们最终一定会选择一个战略计划并加以执行,这也就导致了这一线性流程可以成立的前提是我们的决策选择了经过分析之后的唯一最优解,但这在现实情况中,并不是万无一失的,在某些情况下甚至可能是存在风险的。

对于复杂场景规划的研究可以追溯到1950年前后,以赫尔曼·卡恩(Herman Kahn)为代表的研究者提出了"场景规划方法(Scenario Planning)",用以描述组织用于制定灵活的长期战略规划方法。1970年前后,荷兰皇家壳牌石油公司在实践中将相关理论发展到目前的场景规划理论——场景假设的主要目的是确定现有趋势与关键性变量,并将其与战略规划相结合。场景规划方法中最为典型的兵棋推演也被继承并得以发展,这也为商业兵棋推演寻找到了其在企业发展过程中的位置——服务于战略决策。

在实际运作中,现代商业兵棋推演常态化与培训、教育以及各种决策任务实践相关,我们也观察到许多进入营销领域的咨询、技术公司也在着重强调计算机辅助商业兵棋推演在市场营销领域的价值。接下来本书将按照应用领域对商业兵棋推演进行大致分类,结合上文的讨论,这些应用领域往往是企业运行过程中场景化抽离、设计的体现:

(1) 战略测试:战略测试是商业兵棋推演最为主要和突出的应用领域,继承自其军事背景的严谨性与建模、仿真技术发展带来的效率提升,让商业兵棋推演可以执行非常复杂的战略测试活动,被引入商学院教学系统体系的也多数是此类商业兵棋推演。

(2) 危机管理:在黑天鹅事件频出的当下,危机管理已经成为组织必须关心和面对的问题,上文中引入了非战争兵棋推演(Peace Gaming)的概念,在商业兵棋推演领域,从预演恐怖袭击到防止病毒扩散,再到国家层面对于特定危机的仿真与推演,都可以被纳入非战争兵棋推演的领域,许多商业机构也在通过商业兵棋推演工具帮助自己的客户获得组织化、经训练的危机管理能力。

(3) 发展前瞻:得益于场景设计的灵活性,商业兵棋推演得以协助机构构建对于未来的"远见",分析发展趋势及特征,并在竞争对手发现之前抓住机会,利用前瞻性使组织获得优势,当商业兵棋推演被设定为对于未来的假设场景时,参与者将不得不进行前瞻性的思考,批判性地审视目前的信息与他们对于未来的假设,这对于充满变革的时代显得尤为重要。

（4）管理改变：组织管理与改变是非常重要的领域，商业环境的变化要求组织定期重塑，以适应环境，但这种变革并非易事，阻力将出现在组织内外，而通过商业兵棋推演，受益于其参与性的特征，参与者的洞察力、其扮演的角色与拥有的经验将使商业兵棋推演成为有效的推动组织变革的工具，尤其是在军事领域，兵棋推演已经被广泛应用于军队转型工作的时候。

（5）培训与教育：商业教育与培训是仿真与兵棋推演方法论在商业领域中最早的应用场景，指导和培训新员工、筛选管理人才、持续进行管理培训，商业兵棋推演在企业内训体系中得到了广泛的使用，在商学院培养商业精英的过程中，以博思艾伦CEO挑战赛为代表的使用商业兵棋推演工具进行的"训练教育"，也同样收获了较为丰硕的成果。

第三部分
全域营销智能决策仿真系统

　　本部分将会对全域营销智能决策仿真系统进行详尽的介绍。全域营销智能决策仿真系统是为了应对多变营销环境挑战和高校广告教育需求而开发的,在本部分中将围绕系统的定位与理念、系统构成及运行、系统匹配的课程设计以及系统的研发与测试历程展开。

　　在系统定位与理念方面,随着营销环境的变化,广告教育需要与业界保持同步。为此,建设全域营销智能决策仿真系统旨在让学生以更真实可感的方式获取相关知识,理解行业运作的真实逻辑,并锻炼实践技能。

　　系统构成及运行部分介绍了系统的特点。首先,系统具有仿真性,通过提供真实的学习体验,帮助学生深入了解广告营销的复杂性和现实性。其次,系统具有产业性,涵盖了广告主、媒体和专业服务机构等多个行业主体,以及不同类型的资源和服务。

　　系统匹配的课程设计部分探讨了系统如何与广告专业课程相结合。通过系统的应用,学生可以参与广告投放、媒介资源采买等实践活动,培养他们的实践能力和商业思维。

　　最后,回顾了系统的研发与测试历程。系统的研发过程中面临一些挑战,但通过持续的努力和实践,系统逐渐完善并通过测试。研发团队希望通过与行业和学界的交流与探讨,促进系统的进一步落地和应用,不断完善系统,推进迭代。

　　全域营销智能决策仿真系统旨在为广告专业教育提供高度仿真的环境,使学生能够更好地理解和应对营销环境的挑战,提升他们的专业素养。本系统的研发已经过多次测试,可为广告教育领域的发展提供了有益的探索和实践。

第一章

系统定位与理念

当前营销环境的多重变化，一方面为产业营销运作提出了新的挑战与命题，另一方面亦为高校广告专业、广告相关课程的开设提出了新的挑战。作为与业界密切呼应的课程和专业，保持与业界同步是广告专业的底层逻辑。如何将营销环境的变化反馈到课程中，让学生以更加真实可感的方式获取专业变化相关的知识、理解行业运作的真实逻辑并锻炼实践技能，成为广告教育领域持续探讨的话题。结合对于仿真系统的梳理，在对营销趋势进行体系化研究的基础之上，笔者提出了建设全域营销智能决策仿真系统的课题，初衷是建设面向广告营销领域的智能仿真系统，将其嵌入高校广告教育中，解决教学面对的实践问题。

本部分内容拟介绍全域营销智能决策仿真系统的建设定位、特征、理念、构成及运行方式，并对整体建设过程进行回顾和整理，以期读者能够形成对系统全貌的认识和理解，亦希望能够在此基础上与行业、学界展开更进一步的交流和探讨，推动系统的进一步落地和应用。

一、系统定位及特征

作为面向教学及实践需求的全域营销智能仿真系统，考虑到其仿真的对象（营销运作）本身所具有的特征，以及高校教学中的需求，在建设过程中，笔者提炼出系统所应该具备的如下特点。

1. 仿真性

对于专业教育及实践而言，课堂内外的学习都需要依托于理论进行，而理论的目的是培养同学们的能力，最终希望培养的是广告学专业同学们站在行业视角感受问题、理解问题的能力。依托于对专业的"真实"感受，才能进行有效的实践和自我发展。在这一点上来说，与吉登斯在《社会学：批判的导论》中所言及的"要理解当今工业社会，就必须借助于三种社会学想象力，它们是历史的感受力、人类学的感受力和批判的感受力"异曲同工。

而作为与企业商业运作、媒体商业变现开发等密切相关的学科，广告学专业的同学们所需要培养的实感，就显得尤为重要，同时也尤为困难。因为大部分品牌、企业、媒体的相关运作及经验，是通过具体的资金、资源调度以及所取得的效果（包括未能取得的效果）等不断积累起来的。换言之，广告学相关专业的同学们需要具备"花钱"的能力、"管理"的能力，就需要具有对"商业""资源""资金"的真实感受——所谓"不当家不知柴米贵"。也唯有通过实际资源的组合、调度、消耗等所取得的成败,才能帮助同学们较为深刻地理解广告营销以及传播等问题的复杂性和现实性。

而在大学课堂中,要获得这样真实的感受,或者是依托于真金白银,通过各类课题申报,为同学们提供"花钱"的机会。例如开设广告投放账户、制订计划并执行,真实采买媒介资源并分析其效果,这种形式无疑是能够取得较好效果的。笔者所在的专业也进行了此类尝试。这种尝试可能存在的问题在于不可持续,考虑到专业本身的发展,持续每年投入相当的金额来进行广告营销的真实实践,在现实层面上可行性较差,也很难具有普适性。这也构成了我们进行全域营销智能决策仿真系统研发的一大动因,为广告专业教学提供具有较高仿真性的环境,培养同学们的"感受力",启发他们尽可能真实地进入行业,打破学校与行业的壁垒,在此基础上进一步提升学生的专业素养。

2. 产业性

广告专业具有很强的产业导向,因此,仿真系统的产业性也是题中之义。产业是复杂的,由多个角色进行联动形成的动态整体。当然,伴随着数字技术的飞速发展以及社会经济各方面的深刻变革,国内外广告营销产业正在不断发生快速且深刻的变革。对这些趋势与变革的分析,构成本系统搭建的重要基础,但笔者不拟在此进行展开讨论。感兴趣的读者可以阅读相关研究。笔者拟在此列出本系统建构中目前主要纳入的行业主体以及将其纳入的范畴、原因等,这是系统所具有的"产业性"的直观和具体体现。

第一,广告主。这里要说明的第一点是本系统的总体立场是"广告主"立场,毕竟广告主是广告营销活动最终的资金来源方,也是效果考察方。需要说明的第二点是,本系统强调"广告主"而并不使用"品牌"一词,这是因为在广告营销运作中,虽然体量较大、资金较为充分、运作相对成熟的"品牌企业"的确是最为重要的参与者,但仍然存在着大量新兴的、中小型的营销主体,他们的特点、诉求不应该被忽略,也需要包含在系统仿真范畴中。因此,本系统的广告主,包括不同层级、不同行业。

第二,媒体。包括不同类型的媒体以及不同媒体中所具备的资源、围绕资源所衍生出的服务、资源的成本、效果等均不相同。本系统对目前广告营销市场中的主要媒介资源均进行了呈现——从"资源视角"展开仿真,并试图尽可能全面地体现媒介资源以及影响媒介资源发挥效能或能够推动媒介资源更好组合的相关因素。

第三,专业服务机构。围绕广告营销,目前出现了大量各类型的专业服务机构,已非过去的"广告代理机构"一词所能够完全涵盖。这些服务机构围绕着广告营销所涉及的内容、创意、媒介、数据等多方面提供服务,同时又与具体媒介资源、内容类型、行业品类等发生交叉,难以胜数。本系统主要从内容、媒介两大类资源入手,纳入相关专业服务机构的仿真。

3. 实践性:问题导向

广告营销行业本身具有鲜明的实践特点,与之伴随而发展的广告学、营销学等专业学科亦同样如此——在专业发展中,广告人在不断的实践中积累经验和技能,理解行业运作规律,掌握行业格局及发展趋势,逐渐成为成熟的行业专家。而专业教学中的教师、学生,也均需要通过大量实践练习和实践方面的研究,提升自身的专业成熟度。一方面,教师需要与行业保持密切联系,立足于广告营销运作的实际问题展开研究和教学;另一方面,学生需要通过课堂学习、行业竞赛、实习等多种形式,在离开学校、步入行业之前对于广告营销运作建立起尽可能全面的理解和认识,以为进入具体问题情境做好准备。因此,全域营销仿真决策系统必须具备实践性,换言之,解决实践能力培养的问题。

在广告学专业教育中,常使用的实践手段包括几种:课内实践学时、课外实践赛事及专业实习。随着专业教育的发展,目前高校和行业也探索出了更多类型的实践,如依托于教育部相关平台开展的项目、单独的实践学期等,笔者在此不做一一介绍和对比分析,只选择相对常见的方式进行对比。其中课内的实践学时可控性较高,但受限于场景,离行业环境较远;课外的实践赛事在广告学专业较多,国内典型赛事如大广赛等亦具有较高的影响力,的确为专业实践能力提供了平台,但其问题在于赛事的实践往往停留于构想,方案可行性相对较弱,实践体验感不足;专业实习是在高校学习中,同学们所能够获得的最具有实践性的训练,但是未必所有同学都能够获得较好的实习机会,实习可能的收获情况与具体机构和时间、项目有关,从实践获得性方面不够"稳定"。而全域营销智能决策仿真系统则致力于解决实践问题,在实践的真实性、体验感、稳定性等方面予以满足。

4. 理论性

与实践性相对应的是理论性。理论来源于实践,成熟的理论又往往意味着对于实践的高度提炼和总结,也就进而意味着掌握理论者能够更加快速理解实践、积累实践经验,以及判断实践结果。从另一方面来讲,高校教育所区别于行业实习等"学习"形式的地方,也正在于其课程的体系性和理论性。对于高校来说,受制于教育的特点、场景、资源等因素,校园时空中的教学无论如何贴近实践,都不可能完全获得与行业实战相同的知识和感受;但另一方面,高校的优势又在于能够站在相对外部的视角,提炼出具体行业的相对细致又碎片化的实践中的理论模块和抽象规则,以此展开教学,从而在较短时间内为学生提供尽可能全面的知识和感受。当然,广告教育中所使用的理论,一方面来自学术界的提炼和总结,另一方面亦有赖于行业专家的持续探索,这一话题并非本书的重点,在此不做赘述。

笔者在此初步列举本系统所吸纳以及试图呈现的广告相关理论体系,以与读者进行交流和讨论。

第一,全域营销智能决策仿真系统中吸纳了经典传播学的理论,主要是从传播模式视角进行了理论选择,并综合了近年来围绕新媒体环境下的传播所提出的新观点和新视角。

第二,系统吸纳了营销管理的经典理论,并根据国内外最新的研究情况,对于系统所反映的营销现实情况,更新了理论体系。

第三,系统吸纳了包括消费行为学、内容管理、媒介策略、广告效果分析等具体广告营销传播活动中必需的理论。

第四,系统亦综合参考了品牌资产、数字资产管理等相关领域的理论和概念,以支持在部分具体系统模块构建中的相关工作。

5. 可控性

可控性是高校专业教学的内涵特征之一。专业教学依托于稳定学年、学期结构开展,在时间、空间上都具有相对的稳定性。一般而言,高校(包括专科、本科和研究生等)课堂主要采取的形式是面向恰当的专业、班级,在合适的场地/空间内开展,并往往是以连续8周/16周的课程进行授课。教师一般依托于相对具有稳定性的成熟的理论/内容体系展开讲解,并根据教学的需求对课堂内容进行适当调整和更新。而无论专业建设的负责人或是具体课程的任课教师,以及实践指导老师,或者相关科研课题的负责人等,都需要在相对可控的环境下与学生共同完成教学、科研等的相关实践。

资源的可控性方面，前述已经提及一部分资金可控的问题，真实的行业中的广告营销系统依托于真实的资金，这超出了大部分课程持续开设所能提供的资源上限；同时，真实系统的不可控还体现在其往往需要有真实的广告主/品牌、真实的需求，且需要调用真实的消费者数据，具体到广告运作流程中，这就会涉及包括版权、法务、财务、合规等诸多环节。一方面难以要求广告主配合所有课程的开设而进行广告实践，另一方面也难以要求媒体平台对教学、科研等开放数据及算法的相关权限，同时也难以要求行业人员转为教师的角色、以高校课堂的节奏来进行活动，这势必会与行业工作节奏发生冲突。也就是说，外部的真实资源是难以配合教学、科研活动而展开的，偶尔配合的项目式运作较为可能，但与稳定开展的教学活动之间存在相当的偏差。

因此，考虑到时间、空间、人力、资源、资金等多方面的可控性的需求（高校的节奏所具备的特征），建设并使用相关仿真系统也就成为迫切的命题。而全域营销智能决策仿真系统的建设过程中，也充分考虑到了可控性的诸方面需求，进行了有针对性的设计。

二、系统理念

本部分的下一章将会具体介绍系统的模块构成，本节主要阐述系统的设计理念。总体来说，前部分述及的仿真性、产业性、可控性等需求，对系统理念提出了如下要求：系统必须能够抽取和映射营销要素的相对标准的模块，并能够借此实现系统内的营销"闭环"；而要实现这一目标，就需要搭建与此适配的数据体系。同时，考虑到产业运行中，除标准化模块外，更是处于时刻变动的内外部环境中，人的博弈和能动性是其中的重要影响因素，因此，系统也必须将博弈的理念纳入。而模块、数据、博弈等体系并非孤立进行设计，而是构成相互影响、动态互动的整体。

1. 基于大数据体系

对于全域营销智能决策仿真系统，在设计过程中，团队对于当下主流的营销决策平台进行了参考，同时也对品牌方、专业服务机构所搭建的营销服务系统进行了系统调研。结合仿真系统本身对于数据体系的要求，设计了全域营销智能决策仿真系统所依托的大数据体系。

媒体侧的营销传播服务系统依托于数据体系，而品牌方自身近年来也在持续搭建。例如迪士尼，其在 2013 年之前，没有广告系统的概念，旗下各个媒体的广告部门都是自立门户，以人工服务为主。直到 2013 年，迪士尼旗下的 ABC 率先开始了内部营销资源的打通，推出 ABC Unified 广告系统，后又在迪士尼的层面上，与 FreeWheel 展开合作，谋求围绕大屏资源的程序化投放。2018 年，迪士尼与谷歌合作，借助谷歌的广告技术推出 Luminate 广告平台。这些早期的探索，为迪士尼积累了营销数据与技术。2020 年，迪士尼开始发力，自建统一的营销平台，陆续推出了 Hulu adsmanager、Disney Hulu XP，以及新的程序化广告交易平台 DRAX(Disney Real-Time Ad Exchange)。这个平台由迪士尼内部广告团队与 DMED Technology 合作研发，花费了近 9 位数的投资。迪士尼希望能在 DRAX 平台上统一其所有屏幕，让至少一半以上的广告业务实现自动化，并在 5 年内整合其大部分线性和数字广告资产。康卡斯特数据智能广告平台的建设以 Effectv、FreeWheel、Watchwith、Adsmart 四大平台为依托。其中，Effectv 是康卡斯特广告经营的主平台，FreeWheel 侧重在跨屏数据监测和决策服务，Watchwith 侧重于内容与用户的互动营销，这三者主要服务于康卡斯特，后者 Adsmart 主要服务于 Sky。

而在品牌方的营销活动中,近年来出现的如 CDP 等词汇,均与大数据体系有密不可分的联系。例如 2014 年,欧莱雅设立首席数字官(CDO)的职位,并在全球广泛招募数字专家强化数据底层建设,除此之外还增强员工的数据意识,以欧莱雅中国为例,依托于微信的多元应用,对 2.2 万名员工进行数字化培训。

为进一步提升自身的数据力,欧莱雅持续完善自身数据体系的架构,推进私域与公域数据的打通,搭建数据平台,实现数据的多维应用,赋能营销。在数据来源方面,除了企业官网及电商、线下门店等企业自身占有的私域数据外,欧莱雅还依托于数据平台对各类媒体进行监测,从而实时获取旗下各品牌在各国的营销表现数据与社交数据。此外,欧莱雅还持续开发更多的拓展数据获取与分析维度的工具,如欧莱雅利用自主开发的 Deep Vision 工具,可以从 Instagram 上抓取 100 万张与化妆品相关的图片,并将这些图片分门别类,包括眼部、唇部、在手臂上的唇膏试色等类型,由此可从图片中判断市场趋势,用作决策参考。

值得注意的是,由于本系统总体上立足于中观视角,而非在具体的某一媒体或者品牌运营的微观视角展开仿真设计,因此,本系统中的大数据体系的构成与媒体平台、品牌方的大数据体系不完全一样。当然,在营销体系中必须包含的内容、媒介、消费者等维度数据是均包含的,但考虑到中观层面仿真的需求,亦有其特殊之处。具体的数据模块构成,笔者将在下一章中进行介绍。

2. 营销要素抽象及模块化

结合产业运行的实际情况进行抽象和模块化设计,重点在于抽取何种模块,以及对具体模块的呈现和拆解。在这一过程中,容易遇到的问题是现实运营模块的复杂性和非标化,以及在系统映射中需要完成的标准化和数字化。

营销传播中,近年来出现的万物皆媒的情况,决定了媒体模块的构成在本系统中呈现出复杂、多元的面貌。这种复杂性体现在两方面:其一,媒介(广告营销中所使用的媒介)本身的意涵在扩张,除传统意义上的专业媒体机构所提供的媒体频道、资源,以及新兴的媒体平台外,广大海量的自媒体、网络红人(influencer)已经成为重要的媒介资源,而这些"媒介"资源,既包含了"传播"的能力,又包含了"内容创作"的服务,如何进行区分,在实践中或许并不特别重要,但在本系统中则构成重要的命题;其二,现实营销运作中,过去的传播场景与销售场景是分离的,与社交、关系的场景亦存在区隔,而当下的营销运作中,如短视频平台、社交媒体,本身已经混杂了传播、销售、社交的多元属性,并以其多元属性成为广告营销运作的重要载体,且不同的载体之间的互动和交融亦空前频繁和复杂,这是本系统中所面临和着力解决的第二个问题。

而从创意到内容的泛化,也就意味着对于广告营销而言,可以使用的内容形式已经不仅仅局限于传统的海报、TVC 等形式,包括图文、裂变以及可资联名的 IP 等,各类形式的内容都已经被纳入营销的实操中,自然也就需要被纳入本系统所仿真的内容模块内加以考虑。除了内容本身类型和不同类型所具有的影响因素的复杂性外,还需要看到的一点是,内容本身就构成了一个"过程"。这一点笔者在此前新营销的系列研究中有所述及。作为与消费者沟通的主要载体,内容在新营销不断探索下逐渐表现出更多潜能。强曝光、深触达与快转化,是内容在营销中的价值所在,更指出了内容营销创新运营的方向:不能停留在盲目追逐热点带来的一时热度,必须改变过去缺乏连贯的、成体系的、没有统一 IP 内核的内容运营方式,实施精细化的营销内容运营,做到快速创作、有效分发,以应对复杂媒体和海量沟通的需求;同时能够根据消费者的沟通反馈,对内容进行实时的优化和调整,从而实现深度互动。

同时,在这一过程内部还存在着内容与媒介的相互影响以及融合。例如在直播类、线下活动类等的营销策略中,如何区分内容和媒介就是一个较为复杂的问题。换言之,现实中的广告营销运作是复合、不可能完全"标准"化的,而本系统需要能够承载、映射这种不标准的、灵活的现实特点,同时,又需要具备解构这种非标性的能力,在底层予以尽可能地还原和分拆。

3. 营销运营流程的闭环

关于广告营销活动中具体包括哪些环节,在《广告学概论》《广告策划》等相关课程及教材中均有较多介绍,笔者在此不再重复。这部分内容是广告学专业同学学习中的重要组成部分,也是众多行业赛事所赖以开展、重点考察的知识内容。当然,任何广告营销效果的取得,都是由某一过程的推演而逐渐发生的,广告营销人员的核心工作,其实就是推动这一过程中各个环节的高效运行以及密切配合,并不断获得反馈、实时调整。

因此,对于本系统而言,在完成了基于数据体系的营销运作模块化分解之后,核心的任务就是建构起对于广告营销运作流程的复现和承载能力,让同学们能够在系统内实际推动各个环节的实现和搭接,并能够实时看到数据反馈,换言之,做到系统内的流程闭环。

4. 行业博弈再现

行业主体的关系中,我们考虑到关系的复杂度。既存在着角色之间的博弈,亦存在角色内的博弈,同时还有同一角色的机构之间、各个职位之间的博弈。

在不同角色之间,以本系统主要使用的广告主、媒体、服务机构三方视角来看,各方围绕同一营销活动展开密切合作,其目标均有一致性,服务于广告营销的效果(覆盖、情感、转化等),但同时,各方利益诉求并不可能完全一致,亦有博弈的成分。有限的营销预算中,分配倾斜于内容制作及优化,或是倾斜于媒介采买及组合。对于媒体方而言,天然的立场是希望争取更多的媒介预算;而品牌方基于自身的营销诉求,或许会在这一层面与媒体方产生判断偏差。而每一种角色内部,如媒体方内又存在着不同的媒体平台,在既定目标下,更强调或重视哪一或哪些类型的内容及媒介,其中又牵涉到各方的立场和可能的利益点。再进一步看到某一具体机构中,亦存在着复杂的关系和博弈。以广告主为例,一般而言,具有一定成熟度和规模的品牌,其市场营销部分往往由多个细分部门构成,不同部门之间对于营销传播的看法并不完全一致;而具体营销传播活动的执行者、相关部门的总监级管理人员、品牌部门的总负责人以及广告主的运营人员,按照层级进行观察,则立场也并不可能完全一致,亦可能存在着多种不同的博弈和关系组合。

广告营销活动的运行,正是在这种既合作又竞争的博弈各方的动态交互过程中,最终走到某一终点。如果从终点往回观察,最终效果的获得,其中既有各种客观因素的作用,同时,一定也包含了博弈的影响因素。因此,全域营销仿真决策系统中,必须将"人"的博弈关系纳入其中,作为重要模块。

从另一个较为功利的目标来看,作为为课堂提供实训平台的系统,其目标是提供同学们对于行业的"理解"和"实感",这种理解既指向专业知识层面(资源调度、数据分析等),也指向对于行业真实关系的认识。专业知识层面的理解往往是将同学们置身于一个理想行业环境中,而对于行业博弈的认识,能够较为切实地反映真实行业中的复杂度(虽然客观要素已经足够复杂,但并不全面)。因此,仿真系统中,博弈关系的体现就更加必要。

第二章

系统构成及运行

本章主要从具体实现的功能及系统可以支撑的应用角度,对系统展开微观层面的讲解。在前一章所述的理念指导和开发过程下,系统目前主要由数据、角色、资源等模块构成,以支持具体教学、实践的应用。

一、系统构成

1. 总体设计

在本部分,我们将阐释系统总体设计的基本思路,在这些具体思路的指导之下,我们进行系统的模块分解和具体研发。

首先,我们认为,营销信息的传播效果,主要是由策划、内容、投放三方面共同决定的,因此,本系统会为上述三方面进行评分,并将各分值相乘,作为对效果评价的基础公式,即

$$效果(营销传播)=策划 \times 内容 \times 媒介$$

在策划部分,考虑到教学需要和侧重范围,我们将策划工作所需考虑的各类基本分析点作为学生踩点得分的固定考核点,精彩的创意点则作为由老师判断的加分项,共同构成传播的效果基础。

在内容部分,我们基于实务经验,将内容分为视频、图文、动画、声音、互动、直播带货、裂变、赞助、植入等类型,将每类内容的生产要素抽象为明星、主要工作人员、其他工作人员和质量规格等因素。由于广告内容的质量由上述各类要素共同决定,且不同要素对最终质量的影响存在差异,我们为各类要素设计了基于等级的费用表,供学生在预算范围内选择,再由等级和随机数得到所用各要素的能力系数,将各项系数全部相乘作为内容部分的分值系数。

考虑到明星在内容生产和投放传播中的重要地位和独特性,我们对这一生产要素进行了详细设计,使其具备外在和才艺(指用于广告的才艺,而非其本职专业技能)两项能力,分别用于不同类型的内容,并为不同类别的内容生产设置了符合一般情况的工作天数,结合明星日薪来计算其总费用。此外,明星本身还具有可以提升传播效果的名气值,以及符合各类明星特点的特殊效果。

在媒介(组合及投放)部分,我们首先将媒介细分为多种类型,如央视广告、网络展示硬广、微博信息流、直播带货等,再为每种媒介类型设定可以使用的内容类型及其具体等级。

然后,我们基于媒介刊例和调研数据,为各媒介类型制作基于投放费用的传播效果表。为体现不同媒介的传播特性,在目前的版本中,我们将传播效果拆分为触达、好感、行动3层,每种媒介类型在给定的投放费用下,会相应获得3项传播效果(单位为百万人次)。考虑到卷入度、人均频次分布、内容形式、内容类型、受众预期、信息竞争强度等因素,我们还引入了调整系数,来表现任一媒介类型在不同投放量下产生的传播效果的非线性变化。

按上述设计,假设某组学生制作内容 X 用于投放方案 A 和 B,同时制作内容 Y 用于投放方案 C,其在传播效果的3个层面上的得分便分别为:

触达:策划×(内容 X×触达 A+内容 X×触达 B+内容 Y×触达 C)
好感:策划×(内容 X×好感 A+内容 X×好感 B+内容 Y×好感 C)
行动:策划×(内容 X×行动 A+内容 X×行动 B+内容 Y×行动 C)

考虑到现实甲方对3层效果的需求不同,我们设置了隐藏的分数系数,并在策略单上进行描述提示。引入该系数后,便可得到学生的最终总分:

总分＝触达×触达分数系数＋好感×好感分数系数＋行动×行动分数系数

学生小组的目标,即为在预算限制和策略单提示的基础下,估算分数系数,制定内容生产和媒介投放策略组合,来使本小组在多次授课后的累计总分最高。

学生在制定策略组合时,所依据的投放效果主要为各项参数的期望值。在其提交最终方案后,本系统的教师端会进行实际运算,来确定各取值范围的本次结果,以模拟现实中的随机因素影响,产生实际总分。在多次模拟中,学生小组也可根据其积分排名情况,利用概率学知识,来选择其风险偏好,以追求激进或保守的特定目标。

由于学生无法精确获知分数系数,选择媒介类型时存在猜测错误的风险,从而难以确定投放策略的单一最优解;内容生产部分的各类要素等级到系数的转化存在一定随机性,明星能力等也存在随机性,使得内容策略也难以确定单一最优解;使整套组合方案尽可能贴近预算限制,获得最大效果,更是需要大量的计算和比较,这都会引导学生使用多种内容和媒介,制定综合方案,并获得计算练习。

为使学生的练习体验更加拟真,我们为每个学生小组中的每名学生设计了甲方代表、制作公司人员、投放公司人员等不同身份,以及各自相应的秘密个人目标。每名学生会在多次练习中轮流扮演不同身份人员,并争取实现符合其身份的个人目标,以获得更好的个人分数。

此外,我们结合授课进度,为每次练习单独设定宏观环境和特别目标,使练习更有真实感和针对性。明星等稀缺资源的获得需要多组学生进行竞争,并结合随机事件,体现行业情况的动态变化,锻炼学生的计划调整和应急处理能力。

因资源条件限制,本版本中未向学生提供用户/消费者数据库以供分析,而是在策略单、效果评价算法等部分,在系统内设定了其目标人群的媒介使用情况,在策略单中提供,作为计算投放效果时的系数。此外还根据业内口碑和合理推论,为各媒介设定其服务效率系数,同样作为计算投放效果时的系数使用。

除用户/消费者数据外,前文述及,本系统基于对现实行业运作中的数据的采集、整理,并从中体现出相关标准模块及算法,进一步展开具体设计。

系统中具体使用的数据,在下文阐述系统中的角色、博弈、内容资源、媒介资源、策略单、效果等不同模块时,会有具体体现。读者也将发现,所有模块设计均是基于所需的不同数据库体系进行展开,前端模块与后端数据库相互影响,需同步实现,在后续的版本更新中,所有前端模块及后端数据库的更新也将会同步进行设计和落地。如图3-2-1、图3-2-2所示。

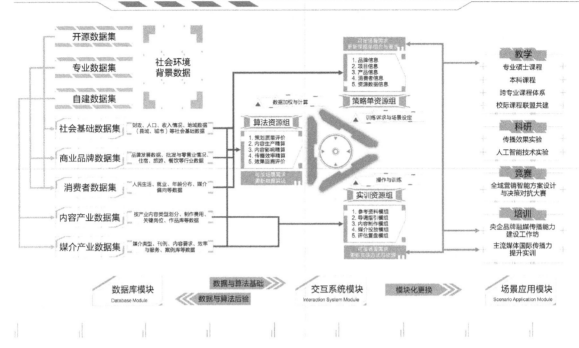

图3-2-1 "全域营销智能决策仿真系统"架构

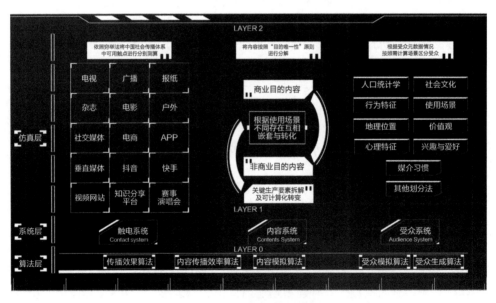

图3-2-2 信息传播系统模型

2. 角色及博弈

(1) 角色

每组学生均包括3种角色:甲方代表、制作人员、媒介人员。其中,甲方代表负责估算甲方对三级传播效果的需求系数,以及对传播方案进行总体把控;制作公司人员负责组织各类内容制作所需的生产物料,如明星、导演、编剧和制作团队等,选择具体等级,计算相关预算;媒介人员负责选择传播所需的媒介类型,决定各类传播渠道的投放预算,并与制作人员沟通各渠道所需的传播内容。

在系统操作上,制作人员和媒介人员分别具有各自所需生产和投放模块的操作权限,甲方代表只能设定需求系数和最终提交方案,但可以实时查看另外两方的操作情况,并给出意见和建议。当小组内产生分歧时,以甲方代表意见为准。

在一个小组内,每名成员的角色可随仿真训练而轮替,以实践各角色职责,体会其分析问题的出发点和解决问题时的考虑因素,从而达成更全面的训练效果,也有助于同组成员间的相互配合。

(2) 博弈

在实际行业运作中,各方之间存在合作与竞争同时发生的复杂博弈关系。系统通过设置小组整体目标以及个人目标的方式来实现。

① 整体目标:一个小组在任何仿真训练中,都具有一致且相同的整体目标,即在其预算范围和策略单上其他要求限制下,获得尽可能高的(经甲方需求系数加权后的)传播总分。这是任何传播活动的根本任务。小组整体目标的设定原则如图3-2-3所示。

图3-2-3 小组整体目标的设定原则

② 个人目标:在每次仿真训练中,可为每名成员分发符合其当前角色的个人目标。在评估具体个人的目标达成情况时,以整体目标完成度为基础,以个人目标达成次数为调整依据。不同角色的个人目标往往产生冲突,即便存在同时满足组内成员的全部个人目标的传播方案,其也经常会对整体目标产生负面影响。这便使小组成员间需要进行权衡和妥协,从而模拟现实传播活动中实际执行各方及其具体人员的特征,并从中自发涌现出多方集体决策行为中的竞合现象。

二、内容资源

内容是营销传播活动的两类核心资源之一。需要提前明确的是,在营销传播活动中,内容并非提前预置的、可以直接采买的现成作品,而是需要根据营销传播活动需求、组织进行生产和优化的一个"过程"。因此,在本系统中,根据可能使用的内容类型以及与之相关的生产要素,进行了相应的内容资源模块的设计(图3-2-4)。

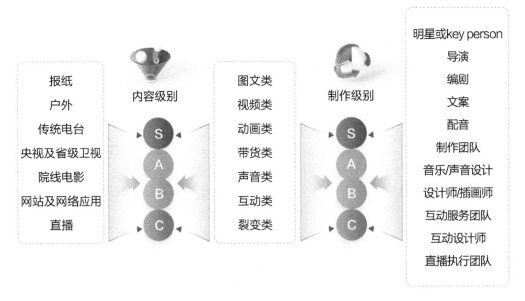

图3-2-4 系统中的内容资源模块

1. 内容类别

根据内容的表现形式和传播模式,将其分为视频类、动画类、图文类、声音类、互动类、带货类、裂变类、赞助类和植入类等类型。

(1) 视频类内容指主要由真人实景拍摄而成的画面(和声音)内容,可包括一定的包装和/或动画特效等,包括真人广告片、真人宣传片、长/短视频等。视频类内容可以是拍摄素材并进行后期制作的产物,也可以是直播,但在本仿真系统的分类逻辑下,不包括以带货为目的的直播。此外,所传播信息必须构成此类内容的主体,从而与赞助类、植入类内容相区分。

在本系统的当前版本中,此类内容的适用面最广,可作为央视广告、卫视广告、户外广告、哔哩哔哩("B站")上传者("UP主")、网络展示硬广、长视频贴片广告、电影贴片广告、短视频信息流、短视频网络红人(influencer)、微博信息流、微博网络红人(influencer)、微信广告、微信公众号、垂直媒体硬广、垂直媒体软广、小红书信息流、小红书网络红人(influencer)、知乎硬广、知乎软广、电商广告、非带货类直播来使用。

(2) 动画类内容指主要由动画构成的画面(和声音)内容,可包括少量真人实景要素,包括动画广告片、动画宣传片、长/短动画片等。动画类内容可以是二维动画,也可以是三维动画,但同样不能是带货类、赞助类或植入类内容。

动画类与视频类内容的区别仅为制作方式和画面呈现,适用于相同的媒体类型。

(3) 图文类内容指由图片和/或文字构成的内容,包括平面广告、软文、社交媒体信息、海报、宣传画、插画等,但不包括以转发抽奖为目的的裂变类内容。

图文类内容在适用性方面与前两者的区别在于,其不能用作电视广告、长视频贴片广告或直播,但可以作为报纸、期刊的硬广或软文。

(4)声音类内容指纯粹由声音承载传播信息的内容,特指广播广告和音频 App(application,手机软件)软广告。

(5)互动类内容指经过专门设计,综合运用图文音画,并可与用户互动的传播内容。主要用于 B 站 UP 主、网络展示硬广、长视频贴片广告、微博信息流、微信广告、微信公众号、电商广告,以及抖音快手、小红书、知乎、垂直媒体的信息流或网络红人(influencer)发布内容。注意微博网络红人(influencer)因平台限制而无法使用该类内容。

(6)带货类内容特指在直播平台上进行的直播带货行为。

(7)裂变类内容特指作为哔哩哔哩("B 站")、微博、知乎、小红书网络红人(influencer)出现的转发抽奖活动。尽管在现实实践中,此类行为多依附于视频或图文类内容,但在本系统中,将其单独进行明确界定,并与其依附内容分别计算传播效果。

(8)赞助类内容和植入类内容均可根据其信息所依托的传播载体,分为传统媒体(电视、电影)、网络媒体内容和赛事(如体育赛事、演唱会等)3 类赞助/植入内容。赞助和植入的区别在于,前者与其所依托的传播载体相对独立,如冠名、口播、字幕等;而后者会作为载体的一部分出现,如影视剧场景、道具等。

在根据前期策划选择所需制作的内容时需要注意:对(线下为主的)宣传、营销活动来说,学生小组需要关注的不是活动本身的传播效果和预算,而是使用本系统给出的工具,对该活动的信息进行传播,从而进一步达到策略单提出的传播要求;要根据行为本质判定内容类别,例如在直播镜头中露出所需宣传的产品,可能会根据产品与直播的关系,分别属于(直播类)视频内容、直播带货内容、植入内容或者赞助内容。

2. 内容制作所需工种

在该部分的仿真设计中,根据不同工种的独特和复杂程度,以及市场供需关系,我们对其进行了不同维度和颗粒度下的仿真模拟。我们具体规定了"明星"在各类内容制作中所能代表的角色,并与下文介绍的明星类别相结合,来体现这一关键角色的独特性和复杂性。除此之外,我们为各内容类别选择了起到重要作用的若干工种,如导演、编剧等,来单独赋值计算。而其余次要工种被统一概括为相应类别的制作团队,以体现其可互换性。

此外,对任一内容类别的生产来说,均具有必选工种和可选工种之分,具体来说:

(1)视频类必选导演、编剧和视频制作团队,可选配乐和作为出演和/或形象代言的明星。

(2)动画类必选导演、编剧和动画制作团队,可选配乐和作为配音的明星。

(3)图文类必选文案和图片设计师/插画师,可选作为形象代言和/或内容创作的明星。

(4)声音类必选文案和配音,可选配乐和作为配音的明星。

(5)互动类必选互动设计师和互动类制作团队,可选作为任意角色的明星。

(6)带货类必选直播团队,可选作为主播的明星。

(7)裂变类无必选工种,可选文案和作为内容原点的明星。

(8)植入类或赞助类无任何工种需求,作为传播载体的内容有其自身的制作团队。

除此之外,为满足事件营销的需求,"事件"本身也作为一类特殊内容,具有其质量和对应的成本,作为使用各种内容类型进行事件营销传播的基础。

3. 明星

(1) 明星的定义和类型

本系统中的"明星"并不限于狭义的文体名人,而是将意见领袖、网络红人乃至影视动漫作品形象也包括在内,泛指具有高辨识度和一定专长的各类人物/形象。我们使用现实中的常见标签,将明星分为演员、歌手、主持人、体育明星、意见领袖和网络红人(influencer)等6类。"一名"明星可以同时属于多个类别,且其相关性设计基于现实中的工作、能力关联和职业发展路径等因素。值得注意的是,本系统中的"一名"明星,可以实际代表当前在市场上可雇佣的若干名具有相同特征的人。

(2) 明星的能力和用途

明星均具有"名气值"这一属性,无论明星在内容中扮演何等角色,均会因其名气而推动信息传播。此外,明星还具有外观等级和才艺等级,可相应提升所制作内容的质量。注意,这里的才艺等级不是指该明星在其本职工作中的能力,而是指该明星可用于内容制作的相关能力,尽管二者存在相当程度的重合。

在制作不同类别的内容时,明星在其中承担的工作也有所不同,具体来说,包括出演、配音、形象代言、内容创作、主播和作为内容原点等。各类工作均有其独特的明星类别和能力类型需求:出演或配音需要主持人、演员或歌手,但出演既可以使用明星的才艺等级,也可以使用外观等级,而配音必须使用才艺等级;内容创作需要意见领袖或网络红人(influencer),且需要使用其才艺等级;形象代言、主播和内容原点可使用任何类型的明星,但形象代言只能使用外观等级,主播可使用任一等级,而内容原点不使用任何等级。

除上述一般能力外,特定明星还会具有各自的随机能力,以体现其行业特点和现实中可能发生的随机情况等因素。

(3) 明星的档期和日薪

由于绝大部分明星除参与本系统中的传播活动之外,还有其日常的本职工作,我们根据不同明星类型的工作特点,并结合明星等级对供求关系的影响,为每一名明星设定了其在单次传播活动的准备期内(2~3个月)的可用天数。在多组学生共同参与模拟时,该可用天数在全部小组间共享,随雇佣情况即时更新其剩余可用天数,以近似模拟市场供应的变化情况(这里将其他小组的雇佣行为模拟为全社会的整体行为)。

进一步地,由于明星的天然稀缺性,其在参与相关内容制作时,需要按日薪计费,并且提前签订合同和支付头款,以确保其为内容制作留出档期。因此,在雇佣明星并冻结相应预算后,若同该明星完全解约或减少使用天数,仅能退回一定比例的费用,以体现违约产生的损失。但另一方面,如果在同一宣传任务中雇佣同一明星达到一定天数,本系统也会给予一定的费用折扣,以更好地贴合现实,并鼓励学生设计更为综合的传播方案。

相应地,根据明星在各类内容制作中的实际参与需求,我们根据现实所需天数的平均值,设定了系统中所需的明星工作天数,作为计算明星费用、判定明星剩余工作天数等的依据。

4. 其他工种的情况

由于市场的充分竞争,除明星之外的各类工种内部没有除等级或费用外的更多区别。其等级直接影响所制作内容的最终质量。至于其费用,要么在现实中按项目计费,要么在系统中根据各类内容的典型所需天数,从按日计费换算为按项目计费。

对不同类型的内容而言,各有若干岗位对其质量呈现起到关键作用,例如视频生产中的导演和编剧、图文创作中的图片设计师和插画师等。这些关键岗位在系统中单独存在,需要为其分别选择质量并付费。至于剩余岗位,因其在生产过程中需要多人密切配合,且不属于把控内容质量的关键岗位,我们对其进行了抽象概括,如将摄像师、摄影助理、灯光师、灯光助理、录音师、场记、场务、服装、化妆、置景、制片、剪辑、特效等岗位统称为"视频制作团队"。

5. 内容和工种质量

在制作内容时,需要选择各工种以及制作质量的等级。工种(包括明星的外貌和才艺)和质量的等级从高到低均为 S、A、B、C。工种或质量的级别越高,其费用也越高,但同一级别的不同工种或不同内容的质量,其费用并不一定相同。

在各种工种中,只有导演因其对质量的显著重要影响而可被评为 S 级,其余工种要么影响较小,要么为集体贡献,均只具有 A、B、C 三个级别,对应现实中的一流、二流和三流水平。

对制作质量来说,其含义随内容类别而各有区别,但总的来说,其表示内容制作中的非艺术因素的成本影响。在各类内容中,主要包括:

(1) 视频的分辨率、帧数、服化道水平等。
(2) 动画的分辨率、帧数、渲染设备和时长等。
(3) 音频的录音设备、录音环境、声音采样和素材购买等。
(4) 图文的图片参数、素材购买,以及内容返改带来的工期增长。
(4) 互动内容根据所包含的图文声画情况,为上述因素的相应组合。
(5) 裂变类的奖品成本等。
(6) 带货类的试用品和返点水平,以及直播间布置费用等。
(7) 植入类在其载体中的作用和贴切程度等(例如被电影主角使用要高于仅出现在背景中)。
(8) 赞助类的赞助商等级和相应待遇等。

无论其分别具体代表什么因素,我们均根据实际情况,为各内容类别的各质量等级设定了相应费用。

6. 质量到效果的转化

由于各工种的特定级别人员的发挥并不完全稳定,以及制作质量与传播效果并非线性对应,各类质量等级与其对内容最终效果的影响系数也并非一一对应。在本系统中,使用等级效果表来为每项内容中的实际效果进行判定。简单来说,在进行结果判定时,任一工种或内容质量的效果表现系数均包括多个取值区间。先根据某一工种或质量的等级随机决定其效果的所在区间,再在该区间内随机决定具体数值。各项等级越高,便越有可能落在期望更高的取值区间内,从而获得更好的内容效果。

三、媒介资源

前文介绍系统理念中,我们已经对"触点"这一概念及其现实营销传播活动的价值和内涵变化进行了介绍,考虑到行业使用的惯性,我们在此仍然用"媒介"这一术语进行设计,这里的"媒介"即为前文中的"触点"。媒介资源模块是本系统所使用的两类核心基础资源的

第二部分,也就是作为品牌与消费者进行沟通、承载信息的触点。媒介人员需要根据不同类型媒介资源的特性,结合策略单的目标,尝试最优的媒介组合。

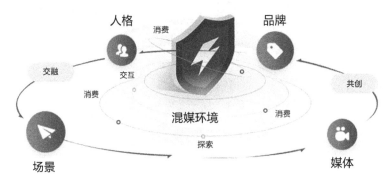

图3-2-5 混媒:系统"媒介"资源模块的设计理念

1. 媒介的分类

在本系统中,传播媒介首先被分为电视、(传统)电台、户外、纸媒、院线电影、网站和网络应用、直播等大类。其中部分大类还会根据现实中媒介投放实务情况,进一步分为更具体的细类,如电视可分为央视和卫视(本系统目前用于模拟较大范围的信息传播活动,未包括更低级别的地方电视频道)。

媒介的大类只用于在系统设计中决定其可使用的各类内容的最低制作质量(而非工种质量)。这相当于说,手机所拍摄的视频,其制作质量足以用于在短视频平台发布,但一般难以满足央视广告的播出要求。

学生可根据自身媒介素养和常识,建立系统中的具体类型和这些大类之间的对应包含关系。即使学生不清楚某一特定媒介类型属于哪一大类,也可直接在媒介投放表中查阅该媒介的可用内容类型和相应的最低制作质量。本文中除本小节外,在提到媒介类型时,均指将在下文详述的细类。

2. 媒介类型

媒介类型是根据投放预算计算传播效果时的标的。

在传播活动中,同一媒介类型可使用一种或多种内容类型,同一内容类型也可以用于一种或多种媒介类型。例如,"央视广告"是一种媒介类型,其使用的内容可以是视频类,也可以是动画类,其费效比与"卫视广告"存在区别;"短视频信息流"是另一种媒介类型,可以是视频、动画、图文或互动类,指在抖音、快手等短视频平台上投放的各类信息流广告,并将其作为整体来计算传播的费效比。

各类媒介类型的具体所指和影响因素详见后文。

3. 传播效果

在传播学中,有多种模型对传播效果进行了分类和描述。为使系统不至于过分复杂,同时维持其效果评估的实用性,本系统将传播效果合并为3个级别,即触达、好感和行动。

简单地说,触达指投放活动所使用的触点所接触到的人群范围;好感指由触点接触到传播内容所引发的正向情感变化;行动指在正向情感变化(或触达本身)之后进行的各类主动行为,如点赞、转发、评论、检索、分享、推荐、购买等。

本系统所使用的传播效果计算口径较为真实和严格,贴近传播活动中甲方所希望看到的真实数据。3级传播效果均以百万人次为计算单位。首先根据典型媒介刊例中的计算口径，为各媒介类型计算其"名义"触达值，再结合该媒介类型在传阅率、信息干扰、用户注意力分配等方面的具体情况，调整得到其"真实"触达率，作为后续效果转化的基础（相应地，投放费用也并非刊例报价，而是根据实际折扣情况进行调整）。然后，根据各媒介类型在内容类别、信息辨识度、用户卷入度、与同一媒介/其他媒介信息的竞争关系、用户抗拒难度等各方面因素中的具体表现和横向比较，在传播效果的一般转化率的基础上，分别制定独特而有代表性的好感和行动转化率，以及各级效果随投放预算的效率变化情况。

4. 媒介效率

在计算特定媒介类型的传播效果时，还需考虑其"媒介效率"。该系数概括表现特定媒介内容对传播计划的实现程度，以体现理想计划与实际效果之间的差异。对传统、国有、大型媒介来说，往往会因其内部流程长、响应慢，缺乏支撑媒介产品的数据、功能等原因，导致该效率较低。而对新型、民营、中小型媒介来说，则经常存在操作不规范、人员水平低、数据算法不合理等问题。

考虑到影响媒介效率的因素数量众多，影响效果不稳定，随机性较强，其数值并非设定为固定值，而是较大宽度的取值范围。在任何一次模拟中，任一媒介类型在该次营销传播活动中所表现出来的媒介效率，在其对应的取值范围内随机产生，并同时适用于所有小组。

显然，学生也无法在制定投放计划时获得准确的媒介效率数值，甚至其取值范围。为获得参考信息，学生可花费少量预算，选择其感兴趣的媒介进行试投放，来获得位于其媒介效率取值范围内的随机参考值，但不一定等于本次模拟的最终使用值。

除此之外，每名学生在每次模拟开始时，还会随机获得某一媒介类型的媒介效率的随机参考值，以体现其行业人脉所提供的信息。随着模拟的逐次进行，学生小组便会逐渐积累参考信息，甚至与其他小组互通有无，以逐渐积累行业经验。

5. 媒介类型详解

在教学实践中，刚刚接触本系统的学生，往往无法将其在现实世界中所看到的纷繁复杂的营销传播行为同本系统中所列举的媒介类型（及其内容质量、投放量等）建立正确而清晰的对应关系。本部分将详细解释系统中的各类媒介类型，并指出在衡量其效费比和传播转化效率时所应考虑的关键特征，以便师生更容易、更准确地进行理解和掌握。

当然，在诸如广告学概论、广告策划、数字广告等相关课程或书籍中，或许读者已接触过不同的媒介划分方式，本部分介绍也是为了厘清系统所使用的媒介类型及其内涵，以避免误解以及帮助准确使用系统中的媒介资源。

（1）央视广告

指 CCTV-1～CCTV-17 频道的常规时段和套餐的平均表现，不包括新闻联播报时广告、春节晚会等高价值且稀缺的特殊时段（此类可能会作为特殊资源单独提供），也不包括各外语频道和单独收费频道（此类可能用于其他传播活动的模拟中）。

21世纪以来，央视和卫视广告极少使用图文类内容，即使地方广播机构可在其画面上叠加字幕条，也属于地方个别行为，不符合本系统目前所聚焦的广域传播活动。因此，央视广告在本系统中只能选择视频类或动画类内容。此外需要注意，赞助、植入有其单独的媒介类型，基于作为其载体的内容来衡量；电视购物节目在本系统逻辑中被定义为直销行为，既不属于电视广告，也不属于直播带货，且由专业的电视购物公司进行制作和投放，不属于广告公司业务范围,应引导学生避免使用此种传播方式。

央视广告的传播费效比根据刊例、折扣、收视率计算,并根据收视率的统计方式和实际情况进行了一定调整,也计入了通过央视频道和央视网站等渠道进行观看的情况。央视的投放费用相对较高,更容易因其权威性而产生好感,但用户极广,使得投放量不足时的效果有一定损失。电视广告的行动转化偏低且难以测算,因此在系统中表现为取值区间。

(2) 卫视广告

指各省级卫视频道的常规时段和套餐的平均表现,不包括高价值且稀缺的特殊时段。

与央视广告相同,卫视广告同样仅可使用食品类和动画类内容。

卫视广告的单价比央视广告低,但由触达到好感的转化也较低,且因为权威性不足,需要更大的投放量来获得用户信任。卫视广告同样难以测算行动转化率,但在理论上,由于用户定位相对央视来说较为精准,其行动转化率比央视略高。

(3) 报纸硬广

报纸在本系统中特指具有刊号,以实体纸质载体定期发行,以刊载新闻和新闻评论为主,通常散页印刷,不装订,无封面的正规出版物,不包括直邮印刷品,也不包括报社使用其刊号出版的报纸刊物。

报纸的传播费效比评估基于常见报纸各版面刊例及折扣情况,并着重考虑了传阅率的影响。考虑到本系统中常见营销传播活动的体量,一般不会投放报纸中缝广告,报纸广告与其他内容在同一版面上二维排布,而非电视广告与内容般沿时间线性排布,硬广内容又相对简单直接,使用户难以在被触达之前进行回避,导致其基础触达率极高。但由于报纸多基于地域或行业分布,单品的用户规模有限,提高投放量时可能会使传播效果的增量发生明显衰减。

(4) 报纸软文

刊发在报纸上的软文,既包括狭义的付费文字广告,也包括特定的新闻报道、深度文章、付费短文广告和案例分析等。

与硬广相比,软文的刊发成本较低,但后者所承载的营销信息不像硬广那样直接呈现,而是蕴含在文章之中,需要用户主动投入精力进行文本阅读和理解,使其触达效率很低。此外,用户也更容易进行回避,进一步拉低了传播效果。但在另一方面,这种传播的间接性和高门槛,使软文的传播效果衰减幅度不像硬广那样剧烈。

(5) 杂志硬广

杂志的传播费效比评估方法与报纸类似,且具有更高的刊发成本和传阅率。作为更加细分和垂直的媒体,其基础触达率和好感转化率比报纸略高,但由于时效性差,以及客户更倾向于凭借杂志提升品牌好感,使其行动转化率往往比报纸的低。杂志的单品用户规模更小,传播效果增量衰减更明显。

(6) 杂志软文

杂志软文的情况与报纸软文类似,也具有杂志相对于报纸的种种特点。即相对较高的刊发成本和传阅率,较高的触达和好感转化,较低的行动转化,以及更明显的衰减。

(7) 广播广告

在本系统中,广播广告特指按照典型广播电台模式运营的广播媒体所发布的广告。无论用户使用传统收音机、车载电台、手机/电脑上的专门应用,甚至使用所涉及的音频App来收听,都不会改变此类媒体的运营模式和用户总体情况。由于音频内容的时间线性和伴随性特点,本媒介类型不对硬广和软广进行区分。

广播广告的投放成本低廉,但同样存在触达和好感的转化率随投放量提升而衰减的情况。值得注意的是,其行动的转化率反而会随之提升。

(8) 音频 App 软广

音频 App 指喜马拉雅、网易云音乐、荔枝 FM、小宇宙等音频分享平台,其内容包括广播电台、播客、有声书、曲艺、新闻等。本类媒介类型特指此类平台上的各类音频内容中承载的软性广告,既可以是直接口播营销信息,也可以将营销信息蕴含在推荐、评测、新闻评述等软性内容中,与广播广告类似,不进行区分。但需要特别注意:音频 App 界面上的各类广告,如开屏、横幅等,不属于该类别,而是属于"网络展示硬广"。

同为音频内容,此类别的基础触达率同广播广告类似,但往往由于细分定位比大众传媒更为精准,而获得较好的好感和行动转化率,以及略为平缓的衰减曲线——但这也无法改变其随投放量增加而快速衰减的事实,或许应同广播广告结合使用,分别投放一定额度,来规避衰减。

(9) 户外广告

户外广告包括所有公共空间内的各类图文、视频、动画内容,立牌、立柱、牌匾、楼宇、电梯、公交站台、车身内外等均属于广义的"户外"范畴。

户外广告的传播效果计算基于其刊例人流量,以及对各类场所中人流对户外类内容注意情况的平均估计。在现代信息社会中,户外广告对用户注意力的争夺能力不高,使其传播效果的基础触达率很低,但其仍在建立好感和就近促成转化方面具有一定竞争力,还会在加大投放量时,通过多次曝光机会来提升其对给定人群的传播效率。

(10) 电影映前广告

本类别特指在电影院中电影开场前所播放的广告,既包括院线投放的贴片广告,也包括电影发行商随拷贝投放的贴片广告,而不包括在电影院的公共空间中展示的其他广告(属于户外广告),也不包括影片在电视、网站上播出前所播放的广告(分属于电视广告和长视频贴片广告)。

电影映前广告具有特殊的传播场景,使用户难以回避,触达率高。同时受其观看氛围影响,以及经常与随后的电影内容建立关联,将触达转化为好感的效率也很高。但其用户心智随即接受更强烈信息(电影内容)的长时段冲击,难以快速将印象转化为行动。

(11) 网络展示硬广

本类别泛指使用互联网电视或各类网站、应用传播的各类硬广告,但本系统中单独列出的特定类别除外。本类广告多使用开屏、横幅、搜索等常见互联网广告位,应着重注意将其与混杂在内容时间线、瀑布流等信息流内部的硬广告进行区分(此类在本系统中单独列为"某某平台信息流"),也要与同类平台上由第三方发布的内容进行区分(此类单独列为"某某平台网络红人(influencer)/UP 主/软广")。个别网络平台的特定媒介类型影响力大、特征鲜明,也被分别单独归类,而未包含在本类别中。

本类别的费效比计算基于按展示量计费,使其触达率不随投放量发生变化。在投放量偏大时,会因硬广告对用户的干扰使其好感转化产生衰减,同时因积累触达次数而促进行动的转化。

(12) 长视频贴片广告

特指网络平台在播放影视剧等长视频时,在视频开头或中间插入的贴片广告。本类广告虽然也多按展示量计费,但用户往往可在播放完毕前便选择跳过,或简单地将注意力临时切换到其他地方来进行回避,使其真实触达率偏低。但在行动转化层面,由于网络平台天然更靠近网购渠道,使本类广告的行动转化率略高于电视、影院中的类似广告。

(13) B 站 UP 主

B 站 UP 主即由内容上传方发布在 Bilibili 网站的内容,具有典型的自媒体性质。对包括 B 站、抖音快手、微博、微信公众号、小红书、知乎、直播带货以及各类垂直领域的自媒体平台而言,在衡量其内容投放量时,指的是投放方额外付费进行的引流效果(所选用投放账号的自带流量效果,在明星名气值和特定明星的特殊能力中体现),并在此基础上,综合考虑特定平台的用户真实性、用户特性和推送算法、展示方法、内容复杂度等相关因素对其产生的影响。

具体到 B 站,其内容类别、用户特征和自身定位情况,都导致其用户较为抵触站内广告,也更容易因大投放量而厌烦。其内容复杂、信息量大,用户可根据弹幕提示和播放进度条上的热度曲线精确跳过营销信息,都进一步降低了触达效率。即便因较强的社区性使由触达到好感的转化率尚可,在使用该类型时也应仔细计算,找到其具有竞争力的投放量区间。

除此之外,各类自媒体平台还可以使用裂变类内容,即以抽奖为诱因,吸引用户大量进行转发评论。在衡量本类内容的费用和效果时,其奖品预算作为内容质量费用的一部分,其引发的转发评论等行为使用系统内置的转化率,量化折算为本系统所定义的"行动"效果。

(14) 短视频网络红人(influencer)

抖音、快手的内容呈现模式(瀑布流逐条播放为主,减少用户主动选择)使其触达效率表现稳定。但用户也可以通过简单滑动来跳过内容,降低完播率,使得需要一定投放量积累来确保后续转化效率。

(15) 短视频信息流

特指混杂在短视频平台信息流中的"硬广告",平台界面上的开屏、横幅等属于网络展示硬广,而不属于此类。此类广告的传播转化率高于一般网络展示硬广,主要原因既包括与自建或第三方销售平台结合紧密,也包括一般用户不易将硬广告和内容进行明确区分。但此类硬广与同平台的内容营销行为类似,均需要积累投放量来确保转化效率。

(16) 微博网络红人(influencer)

指由各微博账号发布的营销内容,既可以是软性广告,也可以直接使用硬广内容。其投放费用算法和裂变类用途参见 B 站 UP 主类别。

在使用微博进行营销传播活动时,首先应注意"僵尸粉"对触达有效性的显著影响,以及微博的"中心化"趋向对进行有效传播的投放量需求。此外,还可引导学生体会,微博偏重社会、娱乐内容的议程设置所筛选、培养出的特定用户,在接触营销信息时的心理、行为特征,及其映射出的传播效果表现情况。

(17) 微博信息流

特指混杂在微博用户时间线内的广告内容,不包括一般网络广告的常规广告位内容。

与微博网络红人(influencer)不同的是,微博信息流基于展示量而非关注数来计费,使其基础触达率明显高于微博网络红人(influencer)(但还要将单价、媒介效率等因素纳入评价体系)。由于信息接触方式、内容表现形式、用户行为特征相同,微博信息流的传播效果也受到和微博网络红人（influencer）相似的影响。

(18) 微信公众号

指由各公众号运营者发布在其公众号文章内（含封面）的各类营销内容，既可以是软性广告，也可以直接使用硬广内容。

此类别的投放费用计算基于账号关注数而非内容阅读数，但也考虑了转发行为和实际阅读完成率等因素。在设定传播效率值时，综合考虑了首条内容和后续内容的曝光区别，广泛投放时显著的回避现象，长内容对读完率的影响，营销信息和内容主体的关联度，跳转到微店、小程序和京东、淘宝完成后续转化的难易度等多方面因素，并出于正确引导学生的目的，特意忽略了涉嫌欺诈营销的传播行为对数据表现的营销。

本系统暂不涉及微信视频号，视其未来发展情况，在后续版本中考虑添加。

(19) 微信广告

指由腾讯执行投放过程的硬广告，包括搜索结果和朋友圈中的广告，以及公众号文章中特定位置的广告位等。虽然微信已开始通过官方互选平台对"公众号运营者与第三方以商业合作形式推销商品或服务"进行统一管理，但在当前系统版本中，考虑到其推销对象与公众号内容之间普遍存在关联，该类行为仍不属于微信广告。

(20) 小红书网络红人（influencer）

指由各小红书账号发布的营销内容。因其平台定位具有更为鲜明的消费主义特征，内容也较为垂直细分，使其传播效果具有优秀的理论表现，但同时也要注意同类信息间的激烈竞争对实际转化情况的影响。

小红书也可以使用裂变类内容，其相关情况参见 B 站 UP 主。

(21) 小红书信息流

同微信情况类似，小红书的信息流和网络红人（influencer）之间，也存在因投放量计算口径不同所产生的基础触达率差异。学生在进行选择时，也应结合其单价进行计算。

虽然基于展示量的计费方式使小红书信息流具有相当高的基础触达率，但平台所营造的社区分享氛围，使"伪装"为内容的硬广告相对难以建立好感，即使从好感到行动的进一步转化较为高效，也要根据传播目标，精准计算其实际效果相对高效的投放区间。

(22) 垂直媒体软广

垂直媒体指将注意力集中在游戏、教育、汽车、母婴、旅游、体育、美食、时尚等单个或少量特定领域，提供该领域的全部深度信息和相关服务的媒体。与水平媒体相比，垂直媒体的用户定位更为精准，信息获取更主动，使其理论上具备更好的传播效果。但另一方面，能够产生垂直媒体的领域，也往往意味着其所需的卷入程度更深，使用户需要接收更多信息，进行更多决策，才会最终转化为行动，这意味着投放量对实际传播效率具有更明显的影响。

(23) 垂直媒体硬广

用户在使用垂直媒体时，其需求和心理预期特征都使其更容易接受硬广告。但与垂直媒体软广不同的是，投放量过大依然会使用户产生抗拒，从而降低实际转化效率。

(24) 知乎硬广和软广

知乎的基本情况与上述其他内容平台类似，但存在几个问题："专业知识社区"的原始调性使核心用户群较为抵触营销内容；内容传统上以图文为主，不如视频内容形式丰富；新增视频内容运营不佳，竞争力不足；用户画像模糊，难以精准推送；信息流组织方式不同，难以自然触达。以上种种问题叠加,使知乎的传播效率相对较低。

(25) 电商推广

本系统中的"电商"指淘宝、京东、拼多多、亚马逊等专业零售平台。本类型特指在此类平台的推荐和搜索展示环节中的付费推广,不包括平台上的一般硬广告,也不包括在平台上进行的直播带货行为。

在所有媒介类型中,本类型最为贴近购买场景,使其具有较好的行动转化效率。但其内容的承载页面中包含大量互相竞争的类似信息,使其真实触达率受限。而单一展示栏位空间有限(商品介绍和购买页面中的营销信息不属于本系统讨论范畴),又限制了从触达开始的进一步转化。

(26) 网络直播(非带货类)

特指网络平台上的自媒体直播行为,不包括官方媒体使用的相对于"录播"的同名术语,也不包括传统媒体节目在网络平台上的同步播出情况。在评估直播的触达情况时,要考虑到营销信息在直播内容中的所占比重和人均观看时长之间的关系。直播内容的发布者和用户之间的关系与B站UP主的情况类似,使直播的触达效果也更容易进一步转化为好感和行动。而不同之处在于,直播难以跳过营销信息,使其基础触达率更高,但也更容易在投放量较大时产生更为彻底的回避。

(27) 带货直播

同非带货类的网络直播相比,带货直播中的营销信息更为直接,用户也更能接受营销信息,更容易产生行动。但由于相关行业处在初创阶段,存在虚假观看、虚假购买等无效行为,使其传播效率不够稳定,效果期望产生折扣。

(28) 植入和赞助

一般情况下,教师和学生可以凭借常识来区分赞助和植入行为。当难以区分时,可以使用以下判断标准:若品牌/产品的主要展示方式与作为载体的内容存在关联,便属于植入,否则属于赞助。植入的常见载体内容为影视剧、直播等;赞助的常见载体内容为晚会、赛事等。之所以强调"主要展示方式",是因为这两者在实践中的边界并非泾渭分明,存在体育品牌赞助赛事时会作为比赛用品来产生关联等特殊情况。

对植入和赞助来说,其计费标准基于对其载体内容影响力的事先估算(即"预计本电影将获得××万人次观看""预计本节目收视率为×‰"),而非直接根据曝光量计费,这导致各类植入和赞助行为的基础触达率随载体内容的实际表现情况而存在不确定性。在本系统中,植入和赞助均根据其载体内容类型,各分为传统媒体、网络媒体内容和活动(体育赛事、演唱会等)3类,其用户定位准确度和细分程度依次提升,表现波动相应缩窄。

在设定传播效果的后续转化率时,总的说来,植入更擅于提升品牌形象,将触达转化为好感;赞助更贴近销售目标,善于将触达转化为最终行动。

6. 媒介资源模块使用中的常见疑问点

考虑到媒介资源本身内涵的丰富性,以及在实际应用中的复杂多样的情况,如在当下传播环境中,某一主体可能既具有传播者的能力又具备内容生产者的能力,或者某一事件本身既构成媒介又构成内容等,本系统对可能出现的疑问点进行了讨论和相关设计,在此亦进行系统内的相关约束和规定。相信随着系统开发的演进,以及伴随着现实营销传播的不断发展,亦会出现新的情况,笔者也将通过线上平台,结合系统迭代,予以更新和解释。

(1) 执行事件营销

对发布会、体验店、快闪活动等事件营销行为来说,其传播效果的主要来源并非直接接触事件本身的受众,而是对事件的二次传播。

在本系统中,若希望进行事件营销,仍应决定使用何种内容类型,在何种媒介类型中进行传播,并在制作其内容时,额外加入一定等级的事件,并相应制定预算。

(2) 信息传播载体的多层次性

随着媒体形式和营销活动日趋复杂,信息传播载体的多层次性得到凸显。比如对一款手机视频应用而言,其一般界面可作为网络硬广的载体,内容信息流中既有软性营销内容,也有直接混杂其中的硬广告。而即使是在营销内容中,也可能继续分层,例如带货直播中也可以同时进行赞助和植入。

师生在使用本系统时,应注意区分同一媒介载体中的不同媒介类型,把握其收费者、服务者、与其他内容的关系等主要区分指标。与此同时,也无须过度在意现实存在的个别难以界定的营销传播行为,只需为其选择性质最为接近的媒介类型,言之成理即可。

四、策略单

策略单即每组学生需要完成的任务,也即在实际运作中的 campaign(有计划的运动),也是系统组织训练的基本单元。系统中根据实训目标,储备了不同类型的策略单(图 3-2-6),在课程、竞赛等中,组织者根据相应目的进行选择和使用。

图 3-2-6 不同类型的策略单

1. 总体设计

本仿真系统中的策略单设计,建立在对数千份真实广告策略单的整理、分析之上,真实展现传播实践时可从甲方处获得相关的信息,包括:

(1) 品牌信息,如名称、简介、主张等;
(2) 项目信息,如背景、目标、需求、预算、时间等;
(3) 产品信息,如核心产品、规格、卖点、关键利益点等;
(4) 消费者信息,如目标人群、消费者洞察、其媒介倾向等;

(5) 其他相关信息,如已有资源、物料要求与倾向、其他要求等。

2. 目标人群媒介倾向

策略单上的此项信息,模拟了甲方通过已完成的调研工作,获得的该传播任务的目标人群对各类媒介的使用倾向数据。即当使用某类媒介触达(及产生其他传播效果)一定人数时,该传播任务的目标人群在其中所占的比例,也即"有效"触达比例。在计算各级传播效果时,应对使用各类媒介获得的效果分数乘以相应的媒介倾向系数。

在本仿真系统的未来版本中,可能会引入真实或虚拟的用户数据库,由学生根据数据自行计算用户媒介倾向,而非在策略单中给定结论。

3. 效果权重

除上述内容外,策略单还包含甲方设定的3层传播效果的分数权重,体现甲方中高层管理人员对不同传播效果的重视程度。该信息仅教师可见,对学生隐藏。学生应根据策略单提供的各项信息,结合自身的营销、传播学知识进行推测,并由甲方代表在模拟系统中进行设定,以便在制定传播策略时估算小组得分。

4. 随机事件

前文述及,现实广告运作在复杂环境中进行,环境随时发生各种变化,campaign 的推进伴随着特定经济、监管等层面的调整以及行业事件的发生。因此,我们在每个策略单中,会分别配置不同的事件(图 3-2-7),包括在策略单执行前设定的影响资源及效果的环境事件,以及在策略单执行中可能触发的突发事件。以这两类事件的发生和应对为基准,测量和考验学生们解决问题的能力。

图 3-2-7 策略单中的事件类型

五、校验(效果)

在包含多次传播仿真训练的一门课程中,考虑到各次训练的传播分数因同每次预算金额正相关而可能存在较大差异,可以考虑不是将各次传播分数简单相加来获得各组最终分数,而是对各次分数根据预算金额而相应加权处理之后再相加,或是根据各次训练的小组排名来使小组获得相应积分。在经过以上任一种处理之后,根据加权总分或总积分来获得最终小组排名,作为最终评分依据。最后,再根据学生个体的个人目标完成次数,在小组得分基础上进行微调,作为学生的个人最终得分。基于综合数据体系实现校验见图 3-2-8 所示。

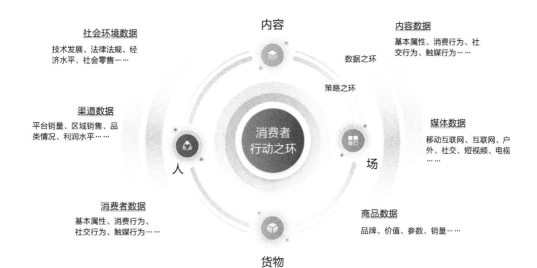

图 3-2-8 基于综合数据体系实现校验

第三章

系统匹配的课程设置

一、课程设置建议

本系统可单独作为广告、传播、营销类课程使用,也可作为此类课程的组成部分,可根据课时安排情况,灵活调整模拟次数和每次模拟时长。本系统的建议使用对象为本科三年级、硕士一年级学生或 MBA 学员,建议提前掌握市场营销、传播学、广告策划、消费者洞察、媒介运营、广告设计制作等相关学科知识。

此外,系统也可支持灵活的工作坊、短期培训等的需求,也可支持基于本系统的相关专业竞赛的开展。

二、课程流程参考

以花费 12 周、每周连续 4 课时共 48 课时来使用本系统为 40 名学生授课为例,其教学流程可设计如下:

(1)第 1 周:理论教学。结合课程主题,向学生教授(或温习)使用本系统所需的专业知识,并初步介绍本课程将要使用的系统。

课后作业:将学生分为 8 组,每组 5 人,在下次上课前提交分组表,以便输入系统。

(2)第 2 周:系统讲解。结合课程主题,详细讲解本系统的各项功能,以及学生所扮演的各类角色的职责,并告知学生课程分数的获得方式。以第 3 周将使用的试用策略单为例,向学生示范应如何基于本系统的视角来分析策略单,包括分析甲方目标权重、基于目标和媒介亲和度初步选择投放媒介、初步设计预算分配等。

课后作业:要求各组学生(此时可在系统中查看各自角色和个人目标)为试用策略单制定营销传播方案,并制作提报 PPT(使用广告策划等专业知识进行分析,内容不超过 3 分钟)。

(3)第 3 周:试用系统。使用较简单的试用策略单,不发生随机事件,不考核个人目标。使学生通过实践,进一步熟悉本系统的使用方法、角色分工和效果计算逻辑,本次模拟结果不计入课程分数。

课时分配:第一节,各组简短提报,教师进行点评并在系统内初评策划分数,每组不超过 5 分钟。第二、三节,学生使用系统执行其方案,教师进行答疑。第四节,各组报告实际执行情况,教师进行点评并修正策划分数,每组不超过 3 分钟,随后教师为各组计算最终实际分数,并进行总体评价和个别分析(若每周为3课时,可适当压缩各环节时间,着重提醒学生注意剩余时间,并在本次试用课上严格执行到时停止操作,使学生引起重视)。

课后作业:发放第一张正式模拟的策略单,要求各组学生制定方案并制作提报PPT。

(4) 第4、6、8、10周:正式模拟。使用标准的正式策略单,每周一张,其中4张分别模拟一年的4个季度,另一张模拟特殊营销节点,如春节、6·18、双十一等,可根据授课时间进行选择,提高代入感。正式策略单会发生随机事件,其效果分数直接影响课程分数,并考核个人目标完成情况。学生所扮演角色在各次模拟中轮替,体验不同岗位的职责和思考角度。

课时分配:第一节,教师公布本次模拟的环境事件(政策、行业、技术等),学生基于事件,对其方案进行修改(5~10分钟);各组提报,教师点评并初评策划分(40分钟)。第二节,学生使用系统执行其方案。第二、三节间,教师宣布本次模拟的突发事件。第三节,学生使用系统修改完成其方案。第四节,各组报告实际执行情况和个人目标完成情况,教师简单点评并修正策划分数,给出最终实际得分。

课后作业:各小组根据本次得分,对其策略和执行情况进行分析。

(5) 第5、7、9、11周:模拟复盘。各组根据角色,自我剖析上次授课的表现得失,其他各组学生和教师参与讨论。教师结合课程主题和行业情况,对上次模拟训练进行点评和总结。

课后作业:发放下一张正式模拟的策略单,要求各组学生制定方案并制作提报PPT。

(6) 第12周:模拟复盘及总结。除对上次训练进行模拟复盘外,教师还需要总结各组综合表现,给出最终评价和总分。

若可用课时少于上述参考情况,可根据教学侧重点和学生前置知识掌握情况,考虑合并理论讲解课与系统讲解课和/或适当减少模拟课和复盘课数量。若可用课时多于上述情况,可在每次训练前进行一周策略单分析讲解,或加入更多理论教学或训练,也可以邀请真实甲方参与,进行更贴近现实的专项训练。

三、训练评分方案参考

在使用本系统进行训练获得传播效果成绩后,教师便可基于成绩来为学生评分。教师可根据以下几个层面的训练侧重方向,来决定其评分方法:

1. 学生每使用一张策略单进行模拟训练,便会以组为单位来获得传播效果的期望值和最终实际值。教师可选择其一,或是将两者加权处理后得到单一"综合效果",来作为训练评分依据,也可以分别使用两者进行评分,再将所得两种分数进行加权混合。

在这一层面,教师可根据训练重点和风险偏好进行选择和设置。总的来说,训练评分越是基于传播效果的期望值,就越侧重培养学生制定理论方案的基本能力;而越是基于传播效果的最终实际值,则越侧重培养学生分散风险和利用机会的实战操盘能力。

若过于侧重期望值,学生可能会仅制作理论最优的单一内容投放至理论最优的单一媒体,而忽视内容制作中各岗位表现的不稳定性,以及不确定的甲方目标偏好和媒介效率。而若过于侧重实际值,也可能会使学生觉得分数过于依赖运气而丧失积极性。因此,我们建议在教学实践中,将两者分别乘以50%并相加,将其结果作为"综合效果",作为计算小组排名和训练分数的效果依据。这也在一定程度上体现了现实营销传播中,甲方对方案策划能力和实际执行效果的双重认可。

2. 在获得各次模拟训练中各组"综合效果"成绩(或教师选择的其他成绩算法)后,教师既可以直接基于该次训练的成绩排名来为各组打出该次训练分数,并将各次训练分数相加来获得训练总分;也可以将各次训练成绩汇总获得各组最终排名,再基于该排名直接给出训练总分。

在这一层面,若教师希望学生专注于每次单独训练,而不考虑训练间的关联,可考虑选择根据单次训练排名打分,例如排名第一的组每人20分,排名第二的组每人19分,以此类推,且未完成个人目标的学生扣除1分,即最低分恰好为及格分即12分(排名第八的13分减去未完成目标的1分)。由于各组在每次训练中排名上下波动,这种打分方法可能会使各学生分数相对接近,不易拉开档次。而学生在制定单次策略时无须过多考虑过往成绩,只需使本次期望成绩(和实际效果)尽可能高即可。

反之,若教师汇总各次训练成绩后再给出训练总分,则可设计为排名第一的组100分,排名第二的组95分,以此类推,且每次未完成个人目标扣1分,使学生分数更为分散地处于100分~60分之间。在训练方面,预先宣布这种计分方法,并结合使用最终实际传播效果,可引导学生将多次训练作为整体看待,并在后期训练中根据当前排名情况选择不同策略,例如排名领先的小组可能会较为保守来保住名次,排名落后的则有动机选择期望效果一般但有概率获得更高实际效果的策略,来争取提升总排名和总分。

3. 若教师选择单次训练单独打分,可直接使用该次成绩排名。而若选择使用总成绩排名,还应注意:由于每次训练的预算金额和甲方侧重系数不同,不建议直接将各次训练成绩进行代数求和,而是应该考虑除以其预算金额,来进行标准化处理。或者使用简单的积分排名系统,例如每次训练成绩第一的小组积10分,成绩第二的小组积9分,以此类推,在多次训练结束后根据总积分排名来为各组打分,再减去未完成个人目标的扣分。

4. 个人目标完成情况用于区分组内各同学的成绩,并给个人目标完成较好的同学以追赶排名更高小组分数的机会,同时也是对所有学生对集体成绩和个人目标进行平衡的考验。个人目标产生的分数调整既可以是加分,也可以是减分,仅需注意是否会导致总分超出100或低至不及格。我们建议直接根据个人完成情况进行分数调整,而不是和其他同学的完成情况进行排名比较,因为个人目标属于相对个人的追求,无须和特定的其他人进行对比。个人目标分数占总成绩的比重可以根据实际需求调整,在较看重维护同学团结的本科教学中,建议将其比重降低,在更贴近真实职场的MBA授课中,可考虑适当提高其比重。

5. 基于上述流程获得的训练分数,既可以直接作为课程分数的基准(教师可注意到,使用本系统实际包括了课上点名环节),也可以作为课上表现分、平时作业分、最终作业分等,成为整门课程分数的一部分。

四、策划部分评分参考

1. 策划分数的重要性

在本系统中,策划评分是后续一切内容表现系数和投放效果系数的基础,无论制作多少项内容,进行多少种投放,其分数均要同单一的策划分值相乘。因此,策划评分在总成绩中的地位至关重要。

在设计本系统时,我们将本科三年级、研究生一年级学生,以及MBA学员等作为主要目标用户,并假定其已接受过广告策划课程训练。若学生实际上未接受此类训练,或训练效果和实际表现情况不佳,教师可考虑在理论教学、系统讲解和试用系统课时,再向学生详细介绍策划过程中所应考虑到并在提报中进行展现的知识点,同时向学生强调策划评分的重要性,从而起到温故知新、查漏补缺的效果,也使学生可以更好地使用本系统。

在进行策划评分时,教师应注意学生是否在提报中提及8个踩点得分项,并根据学生创意水平进行创意打分。对踩点得分项来说,无论学生在初次提报还是报告实际执行情况时提及,都可获得相应分数。对创意得分来说,教师可在学生初次提报时记录预评分,但以实际执行报告中的完成情况为准,即未能实际执行的创意无法得分。

2. 策划的得分点

在试用课上,教师可注意观察学生的踩点得分能力,结合授课成绩的区分度需求,把控是否满足得分条件的判定尺度。总的来说,考虑到每次提报时间有限,只要略有提及,体现出学生小组进行了该方面的思考,便可以考虑给分。每个得分点约影响该次模拟成绩的5%。8个得分点具体为:

(1) 环境(行业)解析。
(2) 产品(竞品)分析。
(3) 消费者洞察。
(4) 定位策略。
(5) 广告表现策略。
(6) 媒体渠道选择策略及排期。
(7) 预算情况。
(8) 预期效果。

3. 创意评分

创意部分在系统中的评分区间为0~20,约影响该次模拟成绩的10%。在对各组进行创意评分时,既可以比较各组创意,给出相对分数,也可以采取类似于踩点得分的形式。需要注意的是,对于引入了特殊事件的策略单,其中部分特殊事件的学生处理情况(如由于某些环境的变化而需要体现特定创意元素及生产相应内容,学生是否进行了相应调整),需要教师在创意评分中予以体现。具体需要在创意评分中体现的特殊事件情况,系统会进行提示。

第四章

系统研发的现实溯源与测试

本章拟对全域营销智能决策仿真系统的建设过程进行回顾和整理。作为面向教学、科研、实践等场景中的产品，系统建设实际经历了完整的产品建设周期和过程。一方面，通过自顶向下的视角，经过调研后进行了系统定位和全盘设计，对系统的顶层结构进行反复讨论，并推动落地；另一方面，以自下而上的视角来看，则基于系统建设方的资源、数据等情况，亦进行了有针对性的调整，并规划了不同阶段的版本方案，截至本书成稿，已完成了3次较为重要的版本迭代过程，并进入实际应用环节，在课堂教学及专业竞赛中逐渐落地。

一、需求提出与原型设计

在进入具体系统的设计及研发之前，对于系统总体定位和功能进行了充分的前期调研。调研主要面向广告学相关专业、课程的负责人、任课教师，本硕学生，行业从业人员等群体展开，主要针对高校教学面对的问题、专业学生与行业适配度、学生对当前课程的需求及需求满足情况等问题进行了重点调查。

关于原型设计，本节不做赘述。系统目前已有的资料和手册能够较为充分地反映出原型设计的理念和成果。本节主要针对在原型设计中考虑到的开放性、教学适配性等进行阐述，以方便读者理解下文产品手册中提及的多个相关功能。

第一，系统的总体设计。在全域营销智能决策仿真系统中，如前所述需要满足仿真性、实践性、理论性等多重需求，因此，这一系统的核心设计环节并非前端界面，而是由角色、算法、数据、资源等构成的一整套系统的统筹和计划。同时，系统所能容纳的产业角色、仿真资源、模拟算法等相互作用、相互影响，且不同设计均影响到系统的复杂度和计算量，进一步涉及课程所能承载的范畴以及对教学主体（教师、学生等）的要求，因此，系统的总体性设计是前期花费较长时间所重点完成的工作。

第二，系统的总体迭代节奏。经过前期的需求调研，截至本书成稿，系统的迭代总计包含3个大版本，分别为推演版、电子版及竞赛版。推演版的设计主要是进行系统逻辑层面的建构，将系统所涉及的核心角色、运行模块、数据库、算法、流程以及与课程的耦合方式等进行充分研讨和论证，并以纸质版规则书等形式进行呈现，在进行测试、初步验证合理性后进一步调整，为电子版的设计做好准备；电子版则是对推演版本的电子化，其主要目标是将数据、资源、算法、账号、角色等进行线上化的调整和适配，以满足不同场景下用户接入和使用的需求；竞赛版则是在电子版基础上，根据全域营销智能决策竞赛的需求所进行改造的版本,以适配短时间内集中竞赛的场景和应用。

第三,系统的使用场景设计。全域营销智能决策仿真系统的设计初衷为优先满足课程教学及实践需求,初步针对的场景为课堂授课及专业竞赛,因此,根据这两个核心场景的具体特点进行了相应产品设计工作。在教学过程中,需要考虑教学的授课学期、学分、学时数量(涉及系统使用的时长及系统内预置的题目和轮次),以及教师需要完成的基本操作,包括学生分组、日常分数、结课分数等的设定和计算;而在竞赛过程中,则需要考虑到竞赛本身的时长与教学时长的区隔、有限时间内完成任务的需求,以及竞赛评委所需要完成的基本操作等。根据使用场景的区别,提炼共性和特性模块。

第四,系统的账号类型设计。系统总体设计了 3 类账号,分别为管理员、教师及学生。考虑到系统本身的开放性及对于系统内资源的底层管理需求,将管理员设置为最高权限账号,可以实现对于不同院校、课程的账号的导入和授权,并可进行包括内容、媒介资源及相关算法的调试和管理。教师及学生账号则分别在登入系统后可根据课程需求进行相应操作,教师主要可确定课程名单、题目、计分等,学生则分角色进行系统体验和完成资源配置、解决具体的课程任务。

二、系统测试过程

系统建设完成每一版本后,均进行了相应的测试,测试主要围绕系统的专业性、可用性两方面进行。专业性主要针对系统是否能够反映当前营销环节的具体情况和真实运作规律;而可用性则主要针对系统是否符合当前广告相关专业、课程中的教学需求及学生学情,以及是否符合专业教学中的学时等客观规律。

1. 系统专业性测试

系统专业性测试分为业界专家测试以及学界专家测试两种类型。测试方法则包括深度访谈、小组座谈会两种,均采用线下进行。

(1)在业界专家测试方面,邀请了包括品牌方、媒体平台方、营销传播领域专业服务机构等在内的十余位专家,进行了 2 组小组座谈会及 4 次一对一的深度访谈。在小组座谈会中,具体形式为邀请专家进行系统体验,针对系统的实际情况与现实行业运作中的区别提出判断和建议。

(2)在学界专家测试方面,邀请了代表高校、在广告学相关研究及课堂教学中具有丰富经验的 5 位教授进行一对一的深度访谈。具体测试形式为进行系统介绍和体验,并围绕系统设计中的内容要素、媒介要素、算法设计、系统定位、权限设计等进行讨论,并针对迭代方案提出建议。

2. 系统可用性测试

系统可用性测试则主要定位于系统是否符合专业教学需求,具体又分别进行了本硕不同培养层级、不同类型高校和专业、不同容量的课程等四类测试,共计进行了十余轮测试活动,测试均为线下进行。

(1)针对本科和硕士研究生两类培养层级,进行了 4 轮本科生测试及 3 轮研究生测试,每次测试邀请 8~10 位同学组成两组,进行系统体验及测试(图 3-4-1、图 3-4-2),主要测试本科及硕士研究生在系统使用方面的不同特性和需求满足情况,以进行系统调整和适配。

（2）针对不同类型高校和专业，考虑到全国开设广告及相关专业的高校情况不同，亦具有不同的专业特色，因此，选择了5所高校进行测试，以检验系统的普适性和根据专业特征进行调整的灵活度。

图3-4-1 "全域营销智能决策仿真系统"相关课程工作坊（一）（学生测试）

图3-4-2 "全域营销智能决策仿真系统"相关课程工作坊（二）（学生测试）

（3）针对不同课容量，考虑到相关课程开设的选课人数从十余人到上百人不等，需要测试系统对于较多人员上课的承受能力，因此，进行了两轮压力测试，以检验系统的承压能力和稳定性。

（4）针对高校教师，考虑到开课过程中，教师需要对系统的基本情况及使用方式、系统与课程的结合等具有较为充分的认识和了解，因此，专门进行了面向全国广告学相关专业及课程教师的测试，以检验系统面向教师群体的适配性，教师测试共覆盖全国40余所高校（图3-4-3、图3-4-4）。

图 3-4-3 "全域营销智能决策仿真系统"全国广告学专业教师工作坊（一）

图 3-4-4 "全域营销智能决策仿真系统"全国广告学专业教师工作坊（二）

系统自 2023 年 4 月测试版开始，共进行 15 轮测试，其中校内测试 8 轮（包括 4 轮本科生测试、3 轮研究生测试、1 轮混合编队测试），校外测试 5 轮（包括 2 轮压力测试），行业测试 2 轮（参与测试人员为品牌、广告公司、媒体机构一线从业者）。

在系统设计之前，笔者即已对系统所适配的课程（课程定位、教学大纲、具体单节课程的教案等）进行了完整规划，在系统推进及测试过程中，也伴随着课程总体设计的完善以及实践的落地。关于这部分内容，笔者将在下一章节中进行介绍和讨论。

第五章

系统互动介绍

一、用户登录页面

在登录页面(图3-5-1)输入账号、密码,点击"登录",进入系统。根据不同账号权限分别进入管理员页面、教师页面或学生页面。

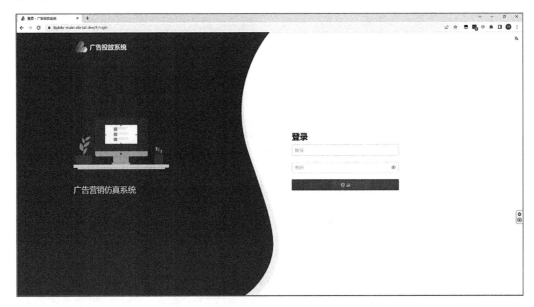

图3-5-1 网页登录页

二、管理员页面

管理员账号登录后会跳转到管理员的用户管理页面(图3-5-2),该页面主要功能为增加、修改和删除教师账号。

1. 新增教师账号

点击"新增账号"按钮,跳转到新增账号页面(图3-5-3)。

图 3-5-2 用户管理页面

图 5-5-3 新增账号页面（1）

输入教师信息（图 3-5-4）后点击"确认"，注册教师账号。点击"取消"或右上角关闭按钮取消注册。

图 5-5-4　新增账号页面(2)

2. 修改教师账户信息

点击编辑图标进入修改对应教师用户界面(图 3-5-5)。

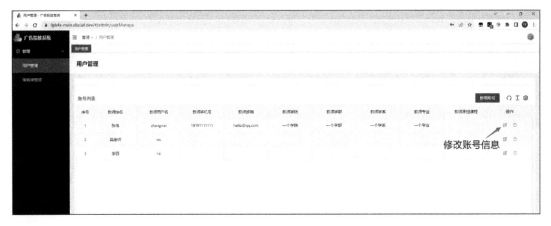

图 3-5-5　修改教师账号信息

编辑教师账号信息后点击"确认",保存修改。点击"取消"或右上角关闭按钮取消修改(图 3-5-6)。

图 3-5-6　修改教师账号界面

3. 删除教师账号

点击删除图标,弹出删除提示框(图 3-5-7)。

图 3-5-7　删除教师账号

点击"确认"删除对应教师账号,点击"取消"回到用户管理页面(图 3-5-8)。

点击左侧"策略单管理",切换到策略单管理页面(图 3-5-9)。

该页面主要功能为授权/取消教师账号使用策略单和删除策略单。

图 3-5-8　删除提示框

图 3-5-9　策略单管理页面

4. 授权/取消策略单使用

点击策略单授权图标,进入授权页面(图 3-5-10)。

图 3-5-10　授权/取消策略单使用

点击选择框,代表授权给该教师账号,否则表示未授权给该教师账号。点击"确认"保存授权状态,点击"取消"或右上角关闭按钮直接返回策略单管理页面(图3-5-11)。

教师只能看到并使用已授权策略单开课。

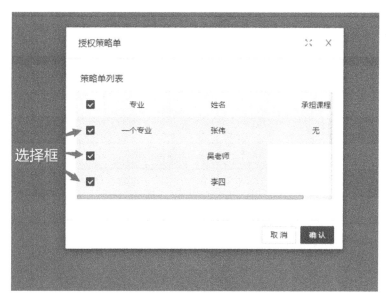

图3-5-11　策略单授权页面

5. 删除策略单

点击删除图标,弹出删除提示框(图3-5-12)。

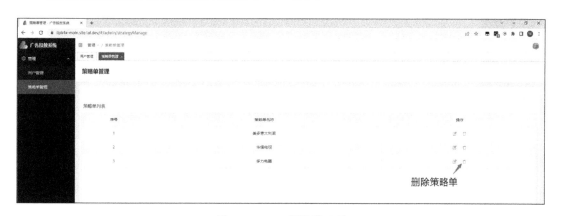

图3-5-12　删除策略单

点击"确认"删除对应策略单,点击"取消"返回策略单管理页面(图3-5-13)。

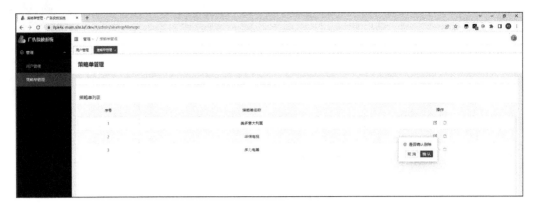

图 3-5-13 删除提示框

三、教师页面

教师账号登录后会跳转到教师的开设课程页面(图 3-5-14),该页面主要功能为新增课程和使用策略单开设课程。

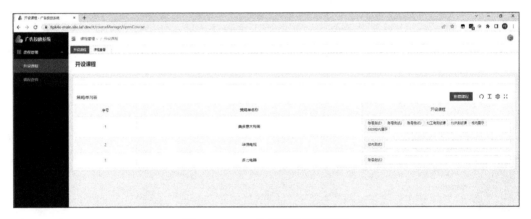

图 3-5-14 教师开设课程页面

1. 新增课程

点击新增课程按钮弹出新增课程页面(图 3-5-15)。

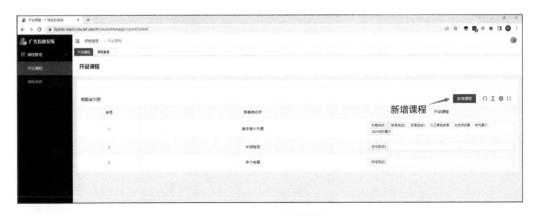

图 3-5-15 新增课程

图 3-5-16　新增课程页面

输入课程名称后点击"确认"新增课程,点击"取消"或右上角关闭按钮返回开设课程页面(图 3-5-16)。

2. 使用策略单开课

点击输入框空白位置弹出下拉菜单,点击需要使用该策略单的课程完成开课,或点击已使用该策略单的课程取消该次开课(图 3-5-17、图 3-5-18)。

图 3-5-17　选择策略单开课

图 3-5-18　开课/取消开课

点击左侧课程查看进入教师课程查看页面,该页面主要功能为更改课程状态和查看课程。

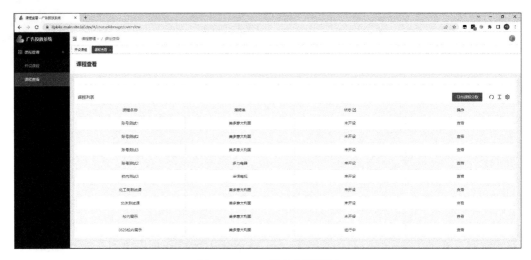

图 3-5-19 课程查看页面

3. 更改课程状态

点击"编辑"按钮,可以进行课程状态修改(图 3-5-20)。

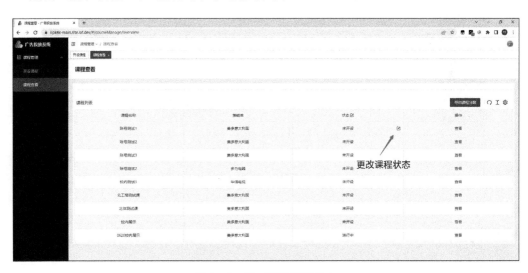

图 3-5-20 更改课程状态

图 3-5-21　修改课程状态

点击编辑按钮后可以点击下拉菜单更改课程状态,选择状态后点击✓确认修改状态,点击✗取消修改状态(图 3-5-21)。学生只能看到已开设课程。

4. 课程页面

点开对应课程查看,进入课程页面(图 3-5-22)。

图 3-5-22　进入课程

(1) 学生账户管理

点击学生管理进入学生管理页面(图 3-5-23、图 3-5-24)。

点击用户信息上传,批量生成学生账户(图 3-5-25)。

上传规定格式的学生信息表格,用于生成学生用户(图 3-5-26)。

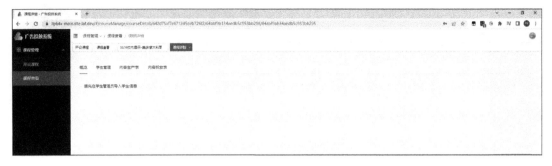

图 3-5-23　课程页面

图 3-5-24　学生管理

图 3-5-25　创建学生账户

图 3-5-26　上传学生信息

学生表格格式:第一栏为序号,第二栏为学号,第三栏为姓名,第四栏为专业,第五栏为组号。如图3-5-27所示。

序号	学号	姓名	专业	组号
1	201614053019	张三	2016戏剧影视导演	1
2	201708113007	张三	2017动画	1
3	201807233020	张三	2018戏剧影视导演	1
4	201807223026	张三	2018表演	1
5	201805113027M	张三	2018法学	1
6	201808213045	张三	2019数字媒体艺术	2
7	20193F2190157	张三	2019工商管理	2
8	2020201053024	张三	2020网络与新媒体	2
9	2020208013006	张三	2020动画1班	2
10	2021206013001	张三	2021广播电视编导	2
11	2021206013002	张三	2021广播电视编导	3
12	2021206013003	张三	2021广播电视编导	3
13	2021206013004	张三	2021广播电视编导	3
14	2021206013004	张三	2021广播电视编导	3
15	2021206013004	张三	2021广播电视编导	3

图3-5-27 学生信息表格示例

上传表格后,系统自动根据表格信息生成学生用户并分组(图3-5-28),还会随机给小组成员分配一个甲方代表和若干个广告公司代表、媒介代表。系统会为每位学生用户自动生成6位随机数字密码。

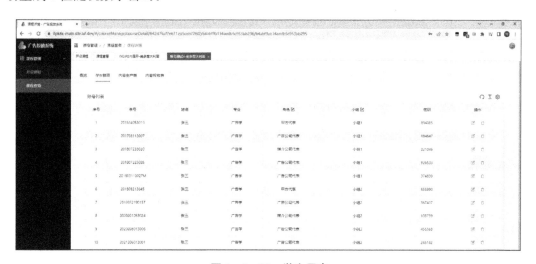

图3-5-28 学生用户

点击编辑图标修改学生密码(图3-5-29)。

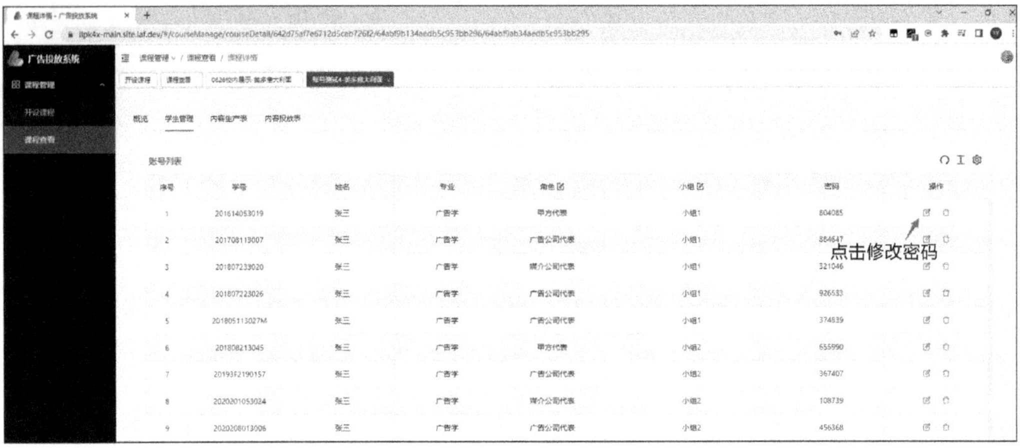

图3-5-29 修改学生密码

在输入框内输入新密码,点击"确认"按钮保存修改。点击"取消"或右上角关闭取消密码修改(图3-5-30)。

图3-5-30 输入新密码

点击删除图标,弹出删除提示框(图3-5-31)。

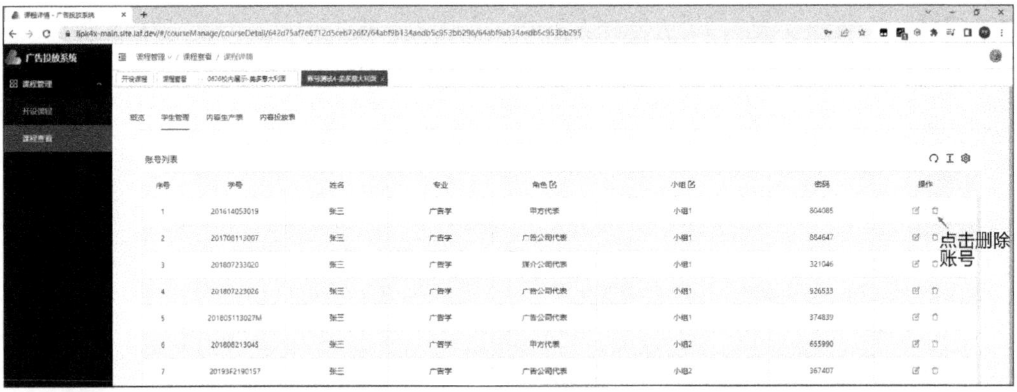

图3-5-31 删除学生账户

点击"确认"按钮删除对应账户,点击"取消"按钮返回学生管理页面(图 3-5-32)。

图 3-5-32 删除提示框

(2) 资源查看

教师可以查看该课程的策略单、内容生产表和内容投放表。
点击对应选项查看对应表格(图 3-5-33)。

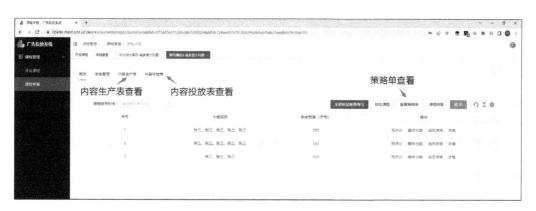

图 3-5-33 查看对应表格

(3) 课程功能

计时器功能主要用于课程计时以提示学生课程时间(图 3-5-34)。

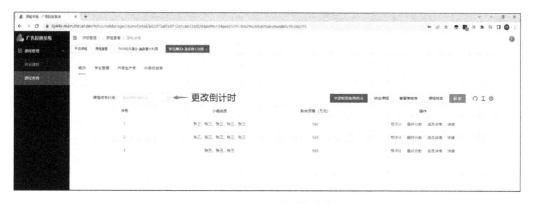

图 3-5-34 计时器功能

点击框内空白位置,弹出修改时间下拉框,选择时间后点击"确定"设置计时器(图3-5-35)。

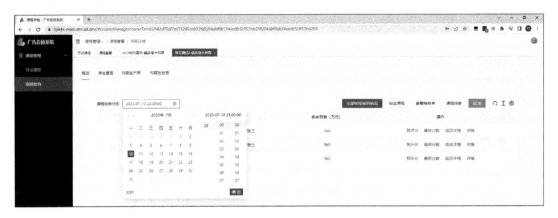

图3-5-35　设定倒计时

点击空白处取消设定计时器。点击输入框内❌删除当前倒计时。

评分功能主要用于对小组课程提报情况进行评分。

点击"预评分",进入评分页面(图3-5-36)。评分分为3个部分,即踩点评分、创意得分和个人目标。

图3-5-36　小组评分

踩点评分和创意得分由老师根据小组上课时提报情况酌情评分,每项预设踩点得10分。创意得分由老师根据小组提报创意情况打分,分数范围为0～20分。个人目标为小组不同学生的个人目标是否完成,完成的学生老师给予标记。

教师根据学生提报情况点击选择✓,表示学生得到该项分数(10分),未打✓表示学生没有得到该项分数(0分),如图3-5-37所示。

在创意得分框输入创意得分(输入限制0～20间的数字),如图3-5-38所示。

点击输入框空白位置弹出下拉菜单,点击完成个人目标学生进行标记,或点击已标记学生取消标记(图3-5-39)。

图 3-5-37 评分页面——踩点评分

图 3-5-38 评分页面——创意得分

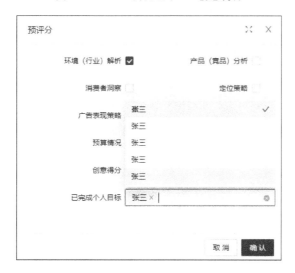

图 3-5-39 评分页面——个人目标

点击"成员详情",查看小组所有成员个人目标(图3-5-40、图3-5-41)。

点击"取消"或右上角关闭按钮返回课程页面。

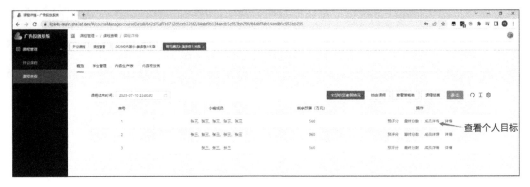

图3-5-40 小组个人目标查看

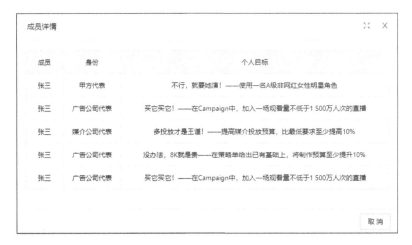

图3-5-41 小组个人目标页面

点击"详情"查看该小组课程操作情况(图3-5-42)。

图3-5-42 查看小组情况

点击对应标题查看小组内容投放/内容制作/雇佣明星情况(图 3－5－43、图 3－5－44、图 3－5－45)。点击“取消”或右上角关闭按钮返回课程页面。

序号	投放形式	投放内容	投放金额	投放触达	投放好感	投放行动
1	微博内容	图文	80万元	41.50	4.84	2.08
2	垂直媒体内容	图文	30万元	13.83	4.50	1.04
3	电商	图文	50万元	15.13	0.50	0.66
4	小红书内容	图文	20万元	3.96	1.14	0.32
5	央视广告	视频	90万元	24.58	8.17	0.28
6	垂直媒体内容	视频	50万元	29.14	9.47	2.19
7	抖音快手内容	视频	10万元	3.41	0.28	0.04
8	电商	视频	20万元	7.65	0.25	0.33
9	微博内容	裂变	22.8万元	8.87	0.44	0.44
10	B站内容	视频	50万元	11.71	1.95	0.29

图 3－5－43　小组详情——内容投放

序号	内容名称	导演	编剧	视频制作	质量	配乐	明星（演出）	明星（形象代言）	预算（万元）	期望加成
1	视频	A	A	A	A		明星40		75万元	507.02%

序号	内容名称	图片设计师/插画师	文案	质量	明星（内容创作）	明星（形象代言）	预算（万元）	期望加成
1	图文	A	A	A		明星46	37万元	380.37%

序号	内容名称	质量	文案	明星（内容原点）	预算（万元）	期望加成
1	裂变	A		明星15	50万元	217.96%

图 3－5－44　小组详情——内容制作

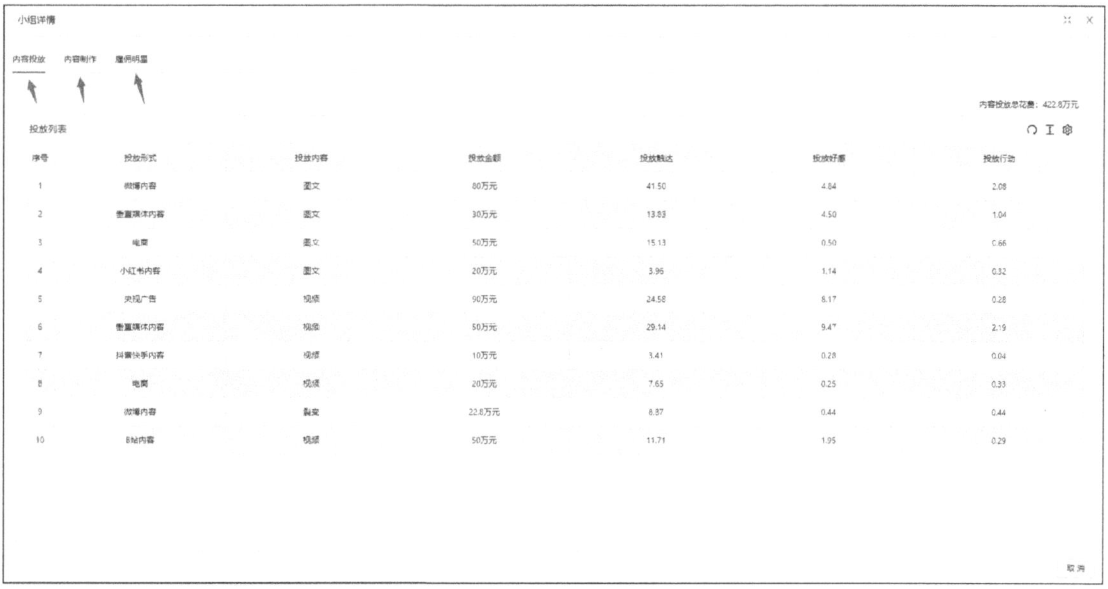

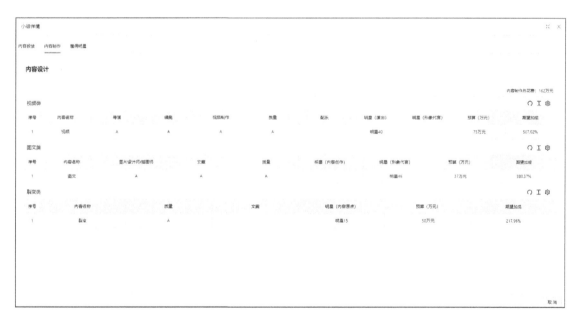

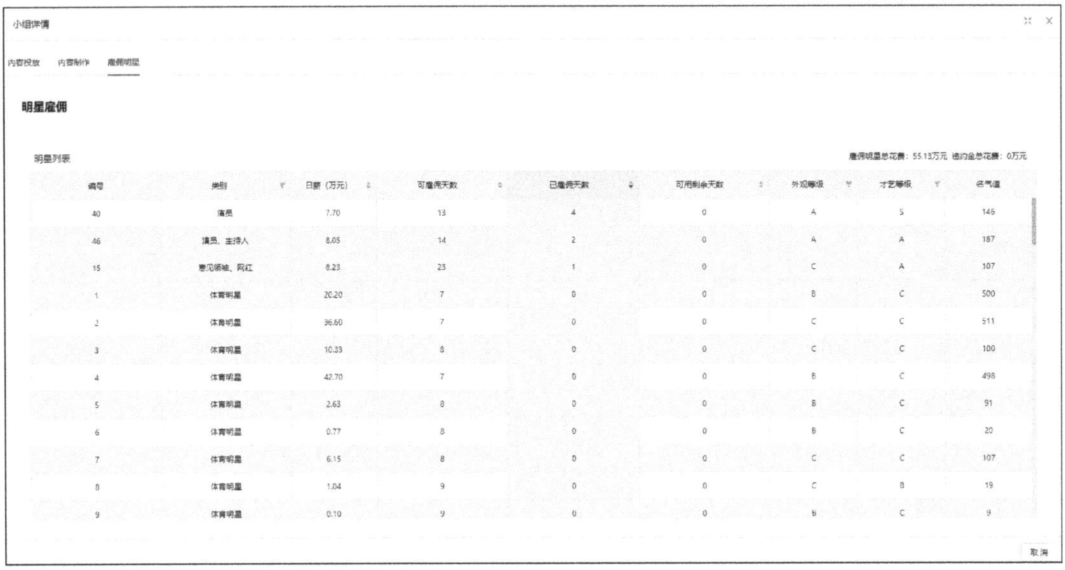

图 3-5-45　小组详情——雇佣明星

点击"全部雇佣明星情况"按钮,查看所有小组明星雇佣情况(图 3-5-46、图 3-5-47)。

图 3-5-46　全部雇佣明星情况

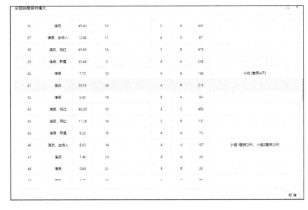

图 3-5-47　全部明星雇佣情况页面

点击"取消"或右上角关闭按钮返回课程页面。

点击"课程结算"按钮,弹出课程结算提示框(图3-5-48、图3-5-49)。

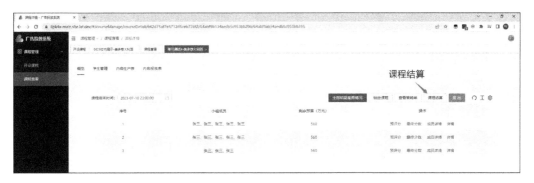

图3-5-48　课程结算

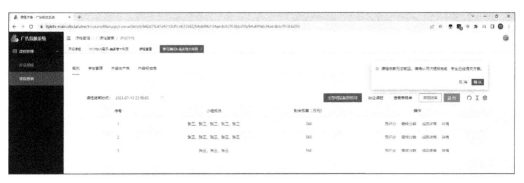

图3-5-49　课程结算提示框

点击"确认"后,系统进行结算计算,点击取消按钮取消结算。

结算只能进行一次,课程结算按钮不能再次点击。

结算后可以点击最终分数,查看小组的分数情况(图3-5-50、图3-5-51)。

图3-5-50　最终分数

图3-5-51　最终分数框

点击"确认""取消"或右上角关闭按钮返回课程页面。
点击"退出"按钮退出该课程(图3-5-52)。

图3-5-52 退出

四、学生账户

学生账户登录后会跳转到学生的个人中心页面(图3-5-53),该页面主要功能为查看和进入课程(图3-5-54)。

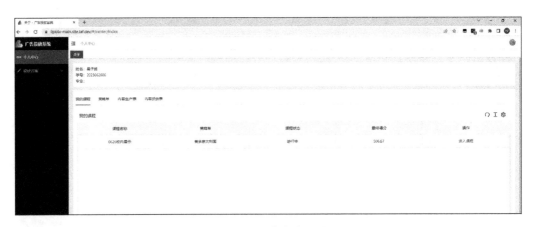

图3-5-53 个人中心页面

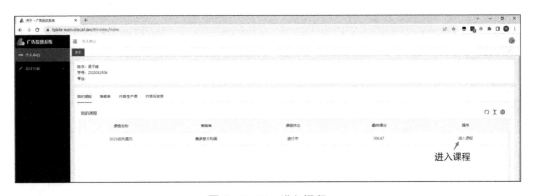

图3-5-54 进入课程

点击"进入课程",学生会进入相关课程完成操作,不同的学生身份可操作内容不同。

进入课程后,学生可以点击选项查看对应表格(图3-5-55)。

点击并按住查看"个人目标"按钮可以查看系统分配的个人目标(图3-5-56)。

点击"退出课程"按钮,即可退出课程返回个人中心页面(图3-5-57)。

图 3-5-55　查看表格

图 3-5-56　查看个人目标

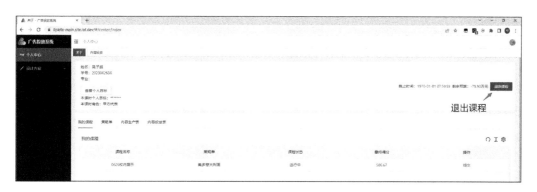

图 3-5-57　退出课程

1. 品牌方代表

甲方代表学生(图3-5-58)可进行的操作为输入并提交预计好感加权和预计行动加权。

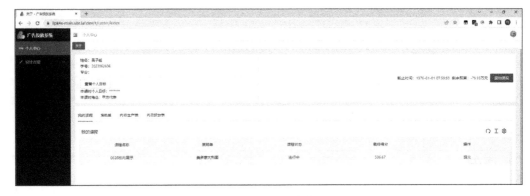

图 3-5-58　甲方代表页面

进入课程后点击"方案设计",弹出下拉菜单后再点击"内容投放",进入内容投放页面(图 3-5-59)。

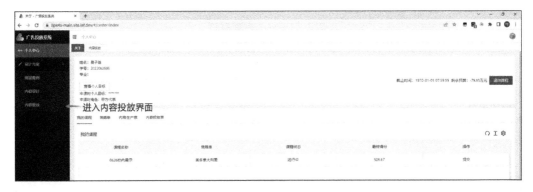

图 3-5-59　进入内容投放页面

在两个文本框分别输入预计好感加权(输入限制 1~10 间的数字)和预计行动加权(输入限制 10~50 间的数字),提交后同组人员同步该数字(图 3-5-60)。

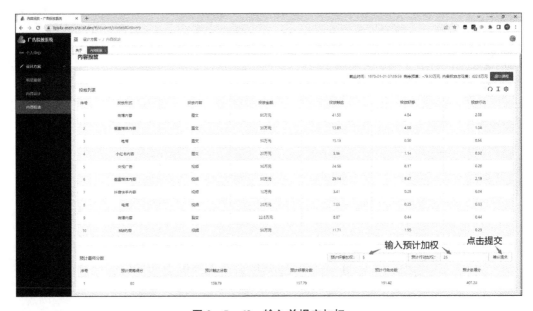

图 3-5-60　输入并提交加权

点击对应位置可以查看其他页面(图 3-5-61)。

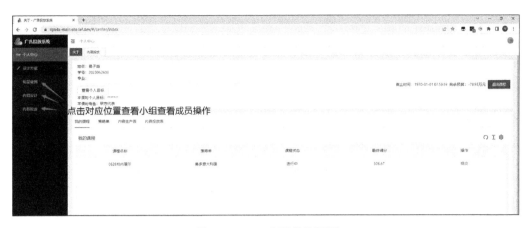

图 3-5-61　查看其他页面

2. 广告公司代表

进入课程后广告公司代表可进行的操作为明星雇佣和内容制作。
点击"方案设计",弹出下拉菜单后再点击"明星雇佣",进入明星雇佣页面(图 3-5-62)。

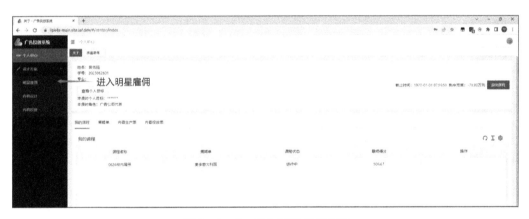

图 3-5-62　进入明星雇佣页面

在明星雇佣页面点击筛选图标可以筛选表格中对应的类别/外观等级/才艺等级(图 3-5-63)。

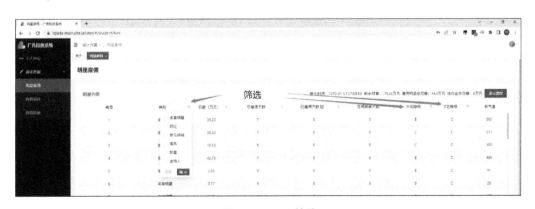

图 3-5-63　筛选

在明星雇佣页面点击排序图标可以从大到小或从小到大对日薪(万元)/可雇佣天数/已雇佣天数/可用剩余天数进行排序(图3-5-64)。

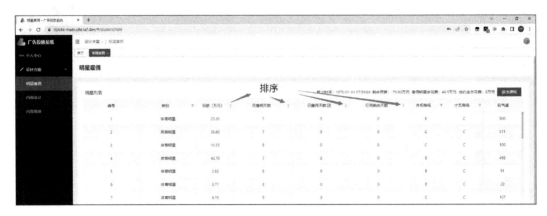

图3-5-64　排序

点击对应明星,输入雇佣天数,点击✓确认雇佣,点击✗取消操作(图3-5-65)。雇佣天数必须小于等于该明星的可雇佣天数。

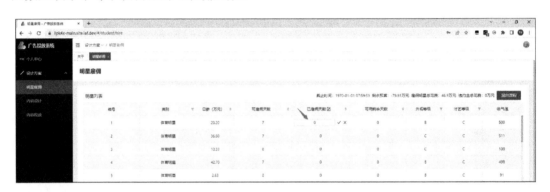

图3-5-65　雇佣明星

解雇明星时在已雇佣天数位置输入小于原有雇佣天数,点击弹出解雇提示框(图3-5-66)。点击"确定"按钮解雇对应天数,点击"取消"按钮返回明星雇佣页面。

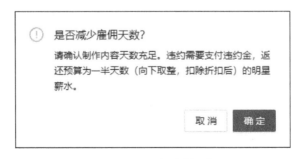

图3-5-66　解雇提示框

解雇明星会导致该明星移除出所有他参与制作的内容。

点击"方案设计",弹出下拉菜单后再点击"内容设计",进入内容设计页面(图 3-5-67)。

图 3-5-67　进入内容设计页面

点击下拉菜单选择想添加的内容种类后点击"添加内容"按钮,弹出制作内容框(图 3-5-68、图 3-5-69)。

图 3-5-68　添加内容

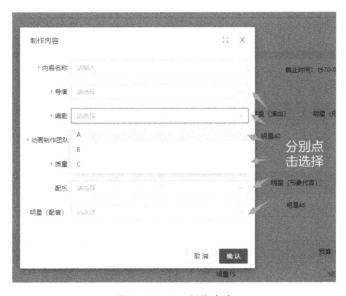

图 3-5-69　制作内容

在内容名称栏中输入名称,并将所有带*的选项分别点击选择后,点击"确认"按钮创建该内容,点击"取消"按钮或右上角关闭图标取消创建返回内容制作页面。

点击"编辑"弹出该内容编辑页面(图3-5-70)。

图3-5-70 编辑内容

内容编辑同内容制作,修改需要编辑内容(图3-5-71),点击"确认"按钮修改该内容,点击"取消"按钮或右上角关闭图标取消修改返回内容制作页面。

图3-5-71 内容编辑

点击"删除"按钮弹出删除提示框,点击"确认"按钮删除该内容,点击"取消"按钮返回内容制作页面。

删除的内容如果被投放则删除对应投放(图3-5-72)。

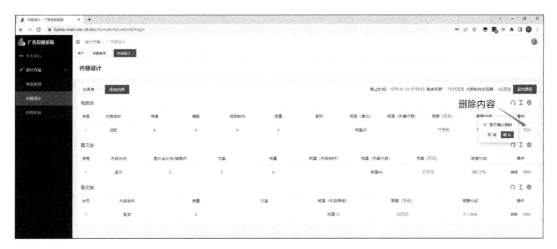

图3-5-72　删除内容

3. 媒介代表

点击"方案设计",弹出下拉菜单后再点击"内容投放",进入内容投放页面(图3-5-73)。

进入课程后媒介代表可进行的操作为内容投放。

图3-5-73　进入内容投放页面

点击"添加投放"按钮,弹出添加投放框(图3-5-74)。

点击下拉菜单选择投放形式和小组其他成员制作的投放内容,输入投放金额(图3-5-75)。

点击"确认"创建新的投放,点击"取消"或右上角关闭图标返回内容投放页面。

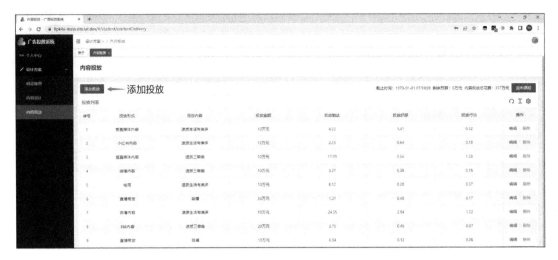

图 3-5-74 添加投放

图 3-5-75 投放内容

点击"编辑"弹出编辑内容框(图 3-5-76)。

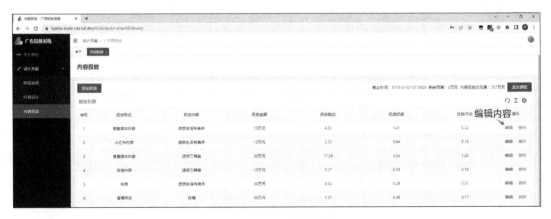

图 3-5-76 编辑内容

编辑内容同投放内容(图3-5-77),修改需要编辑的内容,点击"确认"按钮修改该内容,点击"取消"或右上角关闭图标取消修改返回内容投放页面。

点击"删除"弹出删除提示框,点击"确认"删除该内容(图3-5-78),点击"取消"返回内容投放页面。

图3-5-77 编辑投放内容

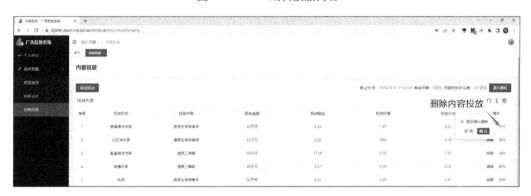

图3-5-78 删除投放内容

五、通用功能

1. 锁定页面功能

所有账户均可以锁定页面,保护操作内容不被篡改(图3-5-79、图3-5-80)。

图3-5-79 锁定页面操作1

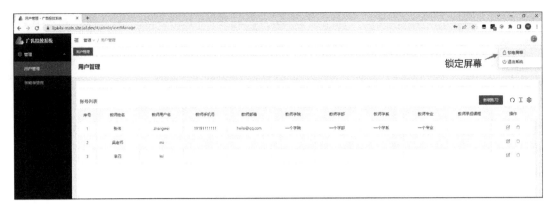

图 3-5-80　锁定页面操作 2

点击"头像"弹出下拉菜单,点击"锁定页面",弹出锁定页面确认框(图 3-5-81)。

图 3-5-81　锁定页面确认框

输入正确密码(账户的密码)后,点击"锁定页面"进入锁定状态(图 3-5-82)。点击右上角关闭按钮返回原页面。

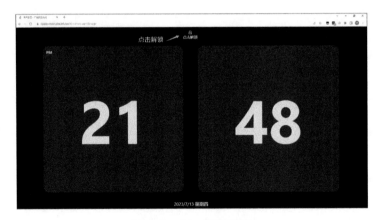

图 3-5-82　锁定页面

点击"解锁"进入解锁页面(图 3-5-83)。

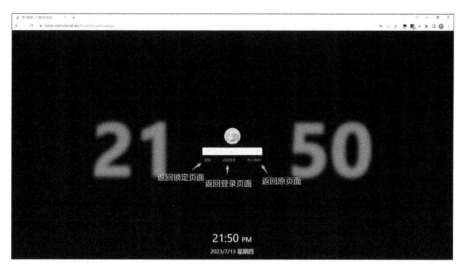

图 3-5-83　解锁页面

输入正确密码(账户的密码)点击进入系统,返回原页面。点击"返回",返回锁定页面。点击"返回登录",返回登录页面。

2. 退出系统

点击头像弹出下拉菜单,点击"退出系统",系统退出当前账户并返回登录页面(图 3-5-84、图 3-5-85)。

图 3-5-84　退出系统操作 1

图 3-5-85　退出系统操作 2

六、全局信息中心和决策管理中心

1. 全局信息中心

点击"查看管理中心"按钮进入全局信息中心页面（图3-5-86）。

全局信息中心内可以查看课程简易概况及实时小组排名情况（图3-5-87、图3-5-88）。

图3-5-86　进入全局信息中心

图3-5-87　全局信息中心1

图3-5-88　全局信息中心2

2. 决策管理中心

在教师账号的课程详情和全局信息中心内点击学生姓名，或者在任意学生账户内点击"查看管理中心"按钮均可进入对应学生的决策管理中心（图3-5-89、图3-5-90、图3-5-91）。

决策管理中心内可以看到该名学生的基本信息及策略单概览、预算花费和预计效果情况，制作内容和投放概览，预算和效果预计分布，每项投放详情（图3-5-92、图3-5-93、图3-5-94、图3-5-95、图3-5-96）。

图3-5-89　进入决策管理中心1

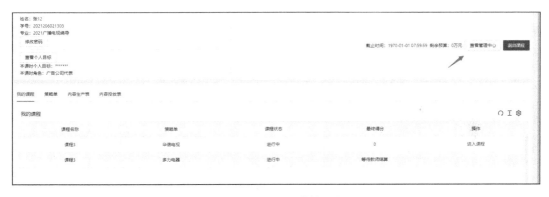

图3-5-90　进入决策管理中心2

图3-5-91　进入决策管理中心3

图3-5-92　决策管理中心——策略单概览、预算花费和预计效果情况

第三部分　全域营销智能决策仿真系统　105

图 3-5-93　决策管理中心——制作内容和投放概览

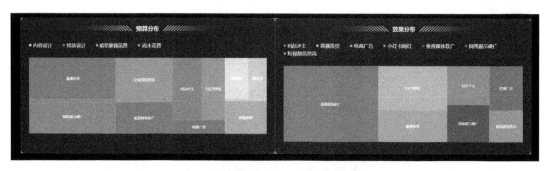

图 3-5-94　决策管理中心——预算和效果预计分布

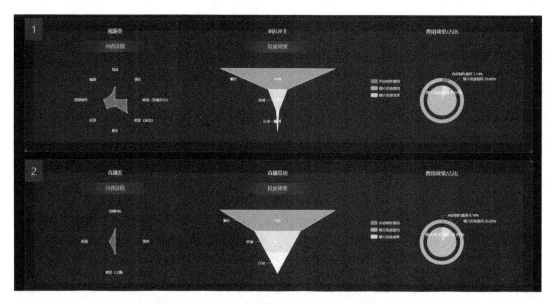

图 3-5-95　决策管理中心——投放详情 1

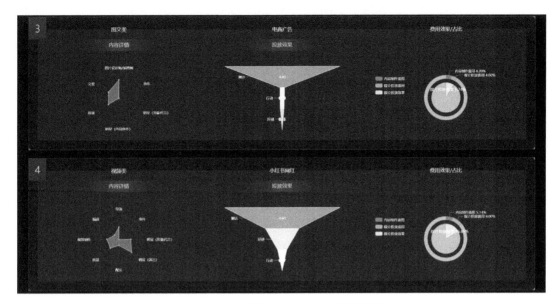

图 3-5-96　决策管理中心——投放详情 2

参考文献

一、参考书目

[1] Army War College. Strategic wargaming series handbook[M]. Carlisle, PA: Strategic Wargaming Division, 2015.

[2] Box G E P, Hunter W G, Hunter J S. Statistics for experimenters: an introduction to design, data analysis, and model building[M]. New York: Wiley, 1978.

[3] Cayirci E, Marincic D. Computer Assisted Exercises and Training: A Reference Guide[M]. Hoboken, New Jersey: Wiley, 2009.

[4] Clausewitz C V. Vom Kriege[M]. Berlin: F. Duemmler, 1880.

[5] Gilad B. Business War Games: How Large, Small, and New Companies Can Vastly Improve Their Strategies and Outmaneuver The Competition[M]. Franklin Lakes: Career Press, 2009.

[6] Greenblat C S, Duke R D. Gaming-simulation—rationale, Design, and Applications: A Text with Parallel Readings for Social Scientists, Educators, and Community Workers[M]. Beverly Hills, Calif: Sage Publications, 1975.

[7] Hilgers P V. War Games A History of War on Paper[M]. Benjamin T B R, Massachusetts London, England: The MIT Press Cambridge, 2012.

[8] Herman M, Frost M, Kurz R. Wargaming For Leaders: Strategic Decision Making From The Battlefield To The Boardroom[M]. New York: McGraw-Hill, 2009.

[9] Kotler P, Kartajaya H, Setiawan I. Marketing 5.0: Technology for Humanity[M]. Hoboken, New Jersey: Wiley, 2021.

[10] Law A M. Simulation Modeling and Analysis[M]. New York: McGraw-Hill Education, 2015.

[11] Oriesek D F, Schwarz J O. Business Wargaming-Securing Corporate Value[M]. London: Routledge, 2008.

[12] Perla P P. The art of wargaming: a guide for professionals and hobbyists[M]. Annapolis: Naval Institute Press, 1990.

[13] Perla, Curry P A. The Art of Wargaming: A Guide for Professionals and Hobbyists[M].

Annapolis: U. S. Naval Institute Press, 2011.

[14] Tekinbas K S, Zimmerman E. Rules of play: game design fundamentals[M]. Cambridge, Mass: MIT Press, 2003.

[15] Tuncer I O, Zeigler B P, Tolk A. Body of knowledge for modeling and simulation: a handbook by the society for modeling and simulation international[M]. Cham: Springer International Publishing, 2022.

[16] Turnitsa C, Blais C, Tolk A. Simulation And Wargaming[M]. Hoboken: Wiley, 2022.

[17] Washburn A, Kress M. Combat Modeling[M]. Boston, MA: Springer, 2009.

[18] Zeigler B P. Theory of modelling and simulation[M]. New York: Wiley, 1976.

[19] 卡尔·冯·克劳塞维茨. 战争论(上册)[M]. 中国人民解放军军事科学院,译. 北京: 解放军出版社,1985.

[20] 克劳德·霍普金斯. 科学的广告[M]. 史雷,译. 上海: 上海文化出版社,2019.

[21] 理查德·鲁梅尔特. 好战略,坏战略[M]. 蒋宗强,译. 北京: 中信出版社,2017.

[22] 玛丽娜·戈尔比斯. 社交经济 新商业的本质[M]. 张琪,译. 北京: 北京联合出版公司,2017.

二、参考论文

[1] Andlinger G R. Business Games-Play One! [J]. Harvard Business Review, 1958, 2 (36): 115 - 125.

[2] Diana Pearl, 岳璐. 全球营销大师们的关注点都在哪儿? [J]. 国际品牌观察, 2020 (34): 40 - 42.

[3] Greene J R. Business gaming for marketing decisions[J]. Journal of Marketing, 1960, 25(1): 21.

[4] Hernandez, A S, McDonald, et al. Post Wargame Experimentation and Analysis: Re-Examining Executed Computer Assisted Wargames for New Insights[J]. Military Operations Research Journal, 2019, 20(4):19 - 37.

[5] Leckenby J D, Li H R. From the editors[J]. Journal of Interactive Advertising, 2000, 1(1): 1 - 3.

[6] Richards, Jef I, Curran A C M. Oracles on "Advertising": Searching for a Definition [J]. Journal of Advertising, 2002, 2(31):63 - 77.

[7] Wintjes J. "not an ordinary game, but a school of war"[J]. Vulcan, 2016, 4(1): 52 - 75.

[8] Wintjes J. Europe's Earliest Kriegsspiel? Book Seven of Reinhard Graf zu Solms' Kriegsregierung and the "Prehistory"of Professional War Gaming [J]. British Journal for Military History, 2015, 1(2):25 - 31.

[9] 高璐. 蒙牛冰淇淋 聚焦品牌高端化[J]. 成功营销, 2017(S1): 40.

[10] 顾明毅,姜智彬,李海容. 百年广告定义研究辨析[J]. 现代传播(中国传媒大学学报), 2018, 40(4): 122 - 129.

[11] 观海. "找茬"戛纳,展望未来——访碚曦投资协作体创始人李倩玲(Bessie Lee)[J]. 中

国广告,2019(08):50-52.

[12] 李及言,陈苏城. 欧莱雅:国际美妆品牌的社会化、数字化布局[J]. 国际品牌观察(媒介),2020(5):47-52.

[13] 龙思薇,周艳,吴殿义. 海外媒体巨人的智能融媒体平台建设[J]. 国际品牌观察,2021(21):20-25.

[14] 娄钟元. 关于营销变革与创新方向,业界大咖的观点分享[J]. 媒介,2017(11):65-69.

[15] 马涛,周艳. 营销进化的六个题中之义[J]. 媒介,2017(11):26-31.

[16] 王赛. 营销4.0:从传统到数字,营销的"变"与"不变":"现代营销学之父"菲利普·科特勒专访[J]. 清华管理评论,2017(3):60-64.

[17] 吴殿义,龙思薇. 进入营销的纵深领域:专访聚胜万合总经理何微子[J]. 国际品牌观察(媒介),2020(5):61-63.

[18] 吴凤颖,龙思薇,甘玲. 人货、场、内容:营销一体的新要素与新玩法[J]. 国际品牌观察(媒介),2019(10):30-35.

[19] 吴倩,周艳,龙思薇. 激发内容生命力:专访传立中国创新内容董事总经理王柏麟[J]. 国际品牌观察(媒介),2020(5):53-56.

[20] 周晓琳,周艳,龙思薇. 万物互联,人人带货:打造社交商业的"人立方"生态[J]. 国际品牌观察(媒介),2019(8):37-42.

[21] 周晓琳,陈苏城. 本土4A的品牌营销增长战略:专访英扬传奇董事长吕曦[J]. 国际品牌观察(媒介),2020(5):57-60.

[22] 周艳,吴殿义,龙思薇. 新营销变革全景[J]. 媒介,2020(5):26-33.

[23] 周艳,龙思薇,吴殿义,等. 混媒时代来临[J]. 国际品牌观察(媒介),2022(4):20-25.

[24] 周艳,吴殿义,关瑶. 矛盾与回应:六问新营销[J]. 国际品牌观察(媒介),2019(10):26-29.

[25] 周掌柜. 为什么大企业总是需要"危机公关"?[J]. 公关世界,2019(3):28-31.

三、参考报告

周艳,龙思薇,吴殿义. 混媒时代新营销研究:触点价值和消费人格的链接[R]. 北京:巨量引擎、中国传媒大学广告学院、国家广告研究院、内容银行重点实验室,2022.

四、网络资源

[1] ANNUITAS. 2014 B2B ENTERPRISE DEMAND GENERATION SURVEY[R]. Atlanta,Georgia:ANNUITAS,2014.

[2] Bond Capital. Internet Trends 2019[EB/OL]. (2019-06-11)[2023-06-18]. https://www.bondcap.com/reports/it19.

[3] Connable,B,Perry,W L,Doll,A. et al. Modeling,Simulation,and Operations Analysis in Afghanistan and Iraq:Operational Vignettes,Lessons Learned,and a Survey of Selected Efforts[EB/OL]. 2014. https://www.rand.org/pubs/research_reports/RR382.html

[4] IDG. New B2B Report Highlights Latest Lead Generation Trends[EB/OL]. [2023-08-31]. https://sg.finance.yahoo.com/news/b2b-report-highlights-latest-lead-172831333.

html.
[5] Krisjand Rothweiler. Wargaming for Strategic Planning[EB/OL]. (2017-03-29)[2023-08-17]. https://thestrategybridge.org/the-bridge/2017/3/29/wargaming-for-strategic-planning.
[6] Microsoft Research. AirSim[EB/OL]. [2023-08-19]. https://microsoft.github.io/AirSim/.
[7] NATO NSO. NATO Glosssary of Terms and Definitions[EB/OL]. 2015[2023-08-22]. https://nso.nato.int/natoterm/Web.mvc.
[8] Paul K. Davis. An Analysis-Centric View of Wargaming, Modeling, Simulation, and Analysis[EB/OL]. (2022-01-20)[2023-08-21]. https://www.rand.org/pubs/external_publications/EP68814.html.
[9] Paul K Davis. Capabilities for Joint Analysis in the Department of Defense: Rethinking Support for Strategic Analysis[EB/OL]. 2016. https://www.rand.org/pubs/research_reports/RR1469.html.
[10] Rex Pitts, The World of Playing Cards. Le Jeu de la Guerre[EB/OL]. (2020-08-13)[2023-08-15]. https://www.wopc.co.uk/italy/solleone/jeu-de-la-guerre.
[11] The Johns Hopkins Center for Health Security, the World Economic Forum, the Bill and Melinda Gates Foundation. Event 201[EB/OL]. [2023-08-21]. https://centerforhealthsecurity.org/our-work/tabletop-exercises/event-201-pandemic-tabletop-exercise.
[12] UK Ministry of Defence. Red Teaming Handbook[EB/OL]. (2021-06)[2023-08-21]. https://assets.publishing.service.gov.uk/government/uploads/system/uploads/attachment_data/file/1027158/20210625-Red_Teaming_Handbook.pdf
[13] 奥迪. 为什么说奥迪是灯厂?[EB/OL]. [2023-07-28]. https://www.zhihu.com/question/23519984/answer/112175608.
[14] 商务部驻天津特派员办事处. "2020北京消费品博览会暨数字零售峰会"在京举行[EB/OL]. (2019-11-14)[2023-07-26]. http://www.mofcom.gov.cn/article/resume/n/201911/20191102913161.shtml.
[15] 新华社. 政府工作报告——2019年3月5日在第十三届全国人民代表大会第二次会议上[EB/OL]. (2019-03-16)[2023-07-16]. https://www.gov.cn/premier/2019-03/16/content_5374314.htm.

五、标准

[1] DoDI. "DoD Modeling and Simulation (M&S) Verification, Validation, and Accreditation (VV&A)": 5000.61[S]. 2009.12.09w/Change 1, 2018.
[2] US DoD Joint Publication 5-0, "Joint Planning" 16 June 2017.

附 注

  本书所探讨的"全域营销智能决策仿真系统"为1.0版本，会随着研究的深入、行业策略的演进不断更新迭代，拓展系统的概念外延及适配资源，并优化底层的数据及算法体系，以适配教学、科研等各方面的需求。

  如您希望做更进一步的了解或探讨，或跟进系统的更新进展，可到系统官方页面（www.futurecomm.com）获取信息，并通过页面底部的邮箱与团队取得联系。

后记与致谢

2023年8月20日晚,全域营销智能决策仿真系统的开发小组例会结束,会上讨论了1.0版本系统的技术状态冻结与系统上线事宜,小组内充满着兴奋而又疲劳的情绪。从2021年8月,我与吴殿义老师一同开始探讨将基于"竞合"的仿真范式引入到计算广告教学开始,到经过了三次迭代、基于SaaS服务的1.0仿真系统正式上线,已经差不多过去了2年,从我们的导师黄升民教授那学来的"盒饭会"也开了一年多,现在回想起来,五味杂陈。

当我们最早开始设想这套"系统"的时候,它还是一套基于桌面规则的纸面系统,我们曾很乐观地认为开发半年就足以拿出来用了,直到扎进来开始做,才知道要做好并不容易,甚至可以说是艰难的。

放眼世界范围内,针对营销、广告的仿真和兵棋推演(严肃游戏)并不多,在有限的可参考案例中,我们也并未找到有足够的参考价值的对象,太老旧、太宏观、太倾向巨型品牌、太不符合中国市场样态。中国市场是特殊的,作为世界第二大广告市场的中国,其主体的营销与广告的行为也是复杂的,甚至在某些情况下,是独一无二的,如果我们要做,就需要从头开始,从基础观察、基础架构开始。

认识到了"冰冷"的事实,要说没有怯场可能也是骗人的,毕竟几乎没有任何经验,复杂系统的仿真有多困难且不说,路径不清晰才是最为艰难而又必须跨越的关卡,"是什么"成了我们最初的问题。

我们将这套系统定位为能够反映现实市场内营销、广告运作机制的仿真系统,通过"人在回路"的机制来完成认知、教育、训练的目的,其中将包括参与力量的博弈、协作与分工,实际工作人员的表现、花费与效果表现,最为重要的是,这需要的是一个闭环的系统,即它需要能在自身系统内完成结果的输出与校验。

从开始探讨,到拿出这样一份说不上叫什么的框架,我们大约用了7个月,退堂鼓打过,懒也偷过,捷径也想找过,但均告失败,只能脚踏实地,步步向前,跌跌撞撞搭建起了模糊的系统包线。

王帆与吴昕宇是从桌游和战棋领域"挖"来的专家,对于如何构建一个可运行的"游戏"有远比我更深入的认识。他们的加入,也让系统进入了"开发作业"的阶段。

2022年7月初,系统进入了桌面开发阶段,在框架基础上,大量的数据需求被释放了出来,让开发小组挠头不已,为了数据四处寻求合作。

2022年10月,在疫情稍缓的时候,系统进行了第一次桌面测试与基准用户测试;2023年2月,系统完成了线上迁移,在方卓成博士的帮助下,系统转向了通过SaaS提供服务的路径进行后续开发。

2023年1月至6月间,在中国传媒大学、北京工商大学、首都经济贸易大学、北京体育大学等高校的支持下,开发组完成了13轮用户测试,包括相关专业的本科生、研究生,获得了大量的经验及数据,为系统迭代提供了支撑。

系统进展滚滚向前,却越做越难,开发小组的压力也越来越大。

难的是模型。营销越来越复杂,广告实践在传播上又处于社会的最前沿,新的玩法、传播方式层出不穷,连带就是媒介与内容生产都在技术的加持下高速迭代,而随着实践的进一步复杂化,仿真的模型也必须迭代,新的参与力量、媒体投放方式、内容生产方式均需要观察与测量,对于数据的要求越来越高。

难的是数据。建构式仿真需要基于场景进行设计,从营销角度看,营销场景变化万千,随时间推移特征各异,断片式的数据搜集是可行的,难的是仿真所需求的数据更新,即如何解决数据连续性的问题,为仿真提供动态性过程支撑。

难的是仿真过程。建构性仿真的设计过程很大程度上是"可控与真实"的权衡,模型与数据均需要根据源系统设计,再根据需求"简化",这需要我们先明确源系统——社会数字营销体系——是如何运作的,为此我们进行了大量调研与走访,对于"深入一线看到的都是办法"这句话有了全新的认识,在此基础上,系统的仿真设计过程也数易其稿。

当我跟黄升民老师大诉苦水的时候,他总是笑呵呵地说"难好啊,难说明没人做过","没人做过"通常有两种引申解释,一种是没有价值,不值得做;另一种就是有价值,但需要特定的团队才能得以完成,那么这个系统有价值吗?

这个问题曾让我诚惶诚恐,直到1.0版本的系统已经基本定型,15轮技术测试完成的当下,我想我可以在此代表开发小组回答这个问题:

有,它有价值,我们需要这样的一个系统。它既是一个工具,可以"穿透"传播层,让我们得以在实验室环境中观察到"内容—传播"的发起与终结;它也是一个仿真器,是我们对于数字营销、广告产业的观察、研究的集合体,我们将通过它将学生引入到更为实训的仿真教学环境;它更是一台"社会知识机器",模块化的数据构成它的躯体,实践运作的机制构成它的神经,"自生成数据"与算法成为它的肌肉,不断发展的实践案例给它供给养分。黄升民教授曾提出"全媒巨人"的概念——"全媒巨人体型巨大,且有血有肉、有骨架有经络、有心肺有大脑,基于对媒体功能的智能化思考,有序高效智能运转,真正成为一个智能化新型传播的有机体",那么这座仍在迭代的"知识机器"能否成为这位"巨人"的"数字孪生"呢?开发小组将继续为这一设想而努力。

在此我谨代表全域营销智能决策仿真系统的开发小组感谢在系统开发过程中提供帮助与建议的老师：

中国传媒大学：黄升民教授、丁俊杰教授、赵新利教授、段晶晶教授、苏颖副教授、张驰博士

《新营销》研究团队：中国传媒大学周艳教授、龙思薇副教授（系统研究和开发中借鉴、参考了《新营销》研究中对品牌营销传播战略与策略的深刻洞察）

首都经济贸易大学：王水博士
北京工商大学：孙铭欣副教授、孟禹熙博士
北京体育大学：刘庆振副教授

北京信息科技大学：齐彦丽博士
重庆工商大学：王凌峰博士
海南大学：孙梦诗博士
深圳大学：钟书平副教授
厦门大学：陈素白教授
云南财经大学：高阳博士
浙江传媒学院：刘祥博士

感谢开发过程中提供宝贵经验与见解的行业界专家：
《流浪地球2》编剧：杨治学
奥视文化：周鲁城
分众传媒：徐弘
京东：沈逸菲
胜加集团：滕丽华
特赞科技：范凌
腾讯广告：范舟舟

感谢参与系统测试的同学：
中国传媒大学
博士候选人：宫效喆、牛昆
硕士研究生：卜嘉敏、蔡子豪、方泽宏、吴子越、郭亦馨、王晨、王雅文、赵轩、张逸醇、张敏艺、郑颖群
本科生：丛沛霖、唐震、张劢、朱平

北京体育大学

本科生：曾诗杨、车文琦、陈心儿、陈易灵、范嘉桐、冯浩铜、韩一瑄、季明皓、蒋玉婕、金祉岑、靳晓东、李润多、李洋洋、李永波、李羽尘、李昱慧、廖婉志、林亭序、林晓盈、凌茹、刘思羽、刘耘菊、柳鑫鑫、罗钧棋、吕顺鑫、马延冰、王琦、王苒希、王若琳、王子昕、吴思雨、杨金硕、杨敬茹、杨梦琪、于佳莹、张少杰、张盛楠、赵倩、周远婷

北京工商大学

本科生：陈丽媛、董嘉昱、董诗妮、杜薇、付亚男、龚欣、顾文弟、匡悦、李莹莹、刘畅、刘均平、刘明鑫、鲁馨玮、宋一鸣、覃珊珊、王静、王童、温单单、向秋燕、杨婧依、杨欣然、袁雅茹、张宁、张思琪、张兆伟、周程

首都经济贸易大学

本科生：鲍美偲、蔡诗芳、程瑛琪、崔静怡、窦安欣、冯文强、高婧莹、胡晨曼、李春梅、李晶晶、刘梓晖、米雯菲、苏家仙、唐艺珈、魏雨萱、吴可轩、谢彩云、谢雨丝、杨倩、杨子墨、张政、者依馨

执笔人　高山
全域营销智能决策仿真系统开发小组
高山　吴殿义　王帆　吴昕宇
2023年9月于北京